脳の8つのエリアを効果的

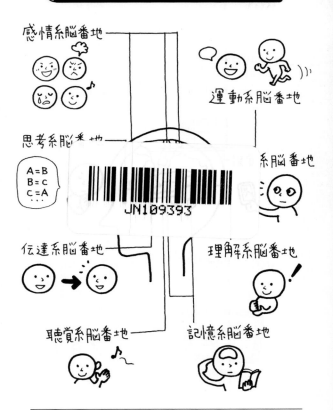

感情系脳番地

運動系脳番地

思考系脳番地

A＝B
B＝C
C＝A
・・・

〇〇系脳番地

伝達系脳番地

理解系脳番地

聴覚系脳番地

記憶系脳番地

JN109393

脳は、機能ごとに大きく分けて8つのエリアがあります。
それぞれのエリアを意識して鍛えることで、
英語の各種スキルを効果的に伸ばすことができます。

英語学習の鉄則

英語は「好きな教材」だけを使う

・興味がない経済ニュースでリスニング練習

"The statistics show that the greater risk for unemployment in..."

statisticsは
データかな…?
unemploymentは…?

うーん、うーん…
あれ?
結局、何の話題だっけ?

・興味があるテニス番組でリスニング練習

"Statistics show that his accuracy of 1st serves is 78%..."

サーブだって!
日本語と同じだ
78%は確率だから
accuracyは
「正確さ」かな

なんとなく
だけど
聞けてる!?

自分になじみのない題材でリスニングやリーディング練習を行うと、脳は「単語を理解する」ことに集中力を奪われてしまいます。自分がよく知っている話題であれば、理解系脳番地に負担をかけず、リスニングやリーディングに集中することができます。

脳を効果的に使う、

あなたの脳に適した学習法は?

START
あなたはどっちのタイプ?

□ スポーツや
　ゲームが好き

□ ものを観察する
　のが得意

□ 自然の中で
　過ごすのが好き

□ 文字や数字を、
　映像でとらえる

or

□ 子どもの頃、
　音楽を習っていた

□ 人の話を聞く
　のが好き

□ 音楽を聞いていないと
　落ち着かない

□ 文字や数字を、
　口ずさんで覚える

 「視覚系」タイプ

 「聴覚系」タイプ

「映像記憶型」学習法が
オススメ!

❶ 英文の多読

❷ 単語の書き取り

❸ 絵や写真のある
　教材での勉強など

 「聴覚記憶型」学習法が
オススメ!

❶ 英会話の練習

❷ 英語の音楽、
　ラジオを聞く

❸ 音声のある教材
　での勉強など

「聴覚系脳番地」と「視覚系脳番地」は、人によってどちらが
得意かがわかれます。まずは、自分が得意な脳番地をチェックし
て、自分に合った学習方法で英語力を伸ばしていきましょう。

に使う、脳番地メソッド！

(1) 表現力豊かに話す
(感情系 → 伝達系)

(2) 正しい文法で話す S+V+O
(思考系 → 伝達系)

(3) 話を聞いて答える Q A
(聴覚系 → 伝達系)

(4) 論理的に話す
(理解系 → 伝達系)

(5) 発音に気をつけて話す
(伝達系 → 運動系)

(6) ネイティブの発音をマネる
(聴覚系 → 伝達系 → 運動系)

言葉の習得には、「伝達系脳番地」の強化が中心となります。
英会話の練習をする場合、上の6つのポイントに気をつけると、
学習効果が飛躍的に高まります。

知的生きかた文庫

脳科学的に正しい英語学習法

加藤俊徳

三笠書房

☑ 何歳からでも英語脳になれる！

「できるだけ早く、英語を身につけたい」

「効率のいい英語学習法を知りたい」

「英語を勉強しているのに、なかなか英語が使えるようにならない。もっといい勉強方法はないのか」

　本書を手に取ってくださったみなさんは、おそらく、こうした英語学習に対する希望や悩みを持っていらっしゃることでしょう。

「脳科学的なアプローチなら、これまでは知らなかったような、英語力を伸ばすための突破口となる方法がわかるのではないか」

　そんな期待を抱いてくださっている方も、いらっしゃるかもしれません。

　私が本書の執筆を決意したのは、まさに、多くの方のこうした悩みを解決し、ご期待に応えたいと思ったからです。

「大人になって頭が固くなった気がする」

「最近は記憶力も悪くなってきて、今さら英語を勉強しても、ものにできるのかどうか不安だ」

　そんなあなたでも、**まったく問題ありません。**

　最初に、みなさんにはっきりとお伝えしておきましょう。

脳の仕組みを知り、それに基づいた学習法を実践すれば、英語力は必ず伸ばすことができます。

☑ 学生時代は、英語がまったくできなかった

私が自信満々に「英語は誰でもできるようになる」と断言するのは、理由があります。

それは私自身、もともとは英語が全然ダメだったからです。受験では、英語の点数が原因で浪人することになったほど。

英語を身につけ、英語で論文を書いたりプレゼンテーションをしたりするようになったのは、20代後半以降のことです。アメリカに渡って研究を始めたのは、35歳のときでした。

そして、大人になってから英語を学んで身につけた経験を、脳科学者としての研究からわかった脳の仕組みと照らし合わせたとき、「そうか、英語はこうやって勉強すればよかったのか」という気づきが生まれたのです。

本書は、その気づきを整理し、脳科学的な観点の説明を加え、私自身の経験もふまえてまとめています。

☑ 脳を知ることで、これまでの学習習慣がわかる

さて、私のことをあまりご存じない方もいらっしゃると思いますので、ここで少し自己紹介をさせてください。

私はもともと小児科専門医で、臨床医として経験を積み

ました。しかし、勤務先の病院で当時最先端だったMRI（磁気共鳴画像法）と出合ったことで、大きく進路を変えることになりました。MRIの研究のためにアメリカに渡り、大学の放射線科でMRI装置の最先端研究開発に従事しながら、脳の画像診断に挑むことになったのです。

　帰国後は、アメリカで培った脳の画像診断技術を活かすため、「脳の学校®」という会社を設立しました。

　脳の画像は、一般にはアルツハイマー病や障害がある脳などの診断に使われます。

　しかし、脳の画像を活用する方法は、これだけに留まりません。脳の状態を調べれば、その人の脳は何が得意で何が不得意なのか、**どのように脳を鍛えれば潜在的な能力を伸ばすことができるのか**といったことまでわかるのです。

　私はこの知見を活用し、現在は「脳の学校®」で一般の方の脳画像鑑定を行っています。これまでに、胎児から100歳を超える方まで1万人以上の脳の画像を見てきました。

　また、日々の研究の成果については、世界の学会での発表も続けています。

　こうした活動を通して発見した脳の鍛練法については、一般の方にも広く知っていただけるよう、これまでに『脳の強化書』（あさ出版）や『すごい左利き』（ダイヤモンド社）など、たくさんの本も書いてきました。

☑ 英語学習に活かせる「脳の仕組み」とは?

　これまで私が一般の方にお伝えしてきたのは、脳がどのように働いているのか、それに基づいた科学的な根拠のある脳のトレーニング法とはどんなものか、といったことでした。

　ごく簡単にご説明すると、脳には、大きく分けて次の8つのエリアがあります。

① 思考に関わるエリア
② 感情に関わるエリア
③ 伝達に関わるエリア
④ 理解に関わるエリア
⑤ 運動に関わるエリア
⑥ 聴覚に関わるエリア
⑦ 視覚に関わるエリア
⑧ 記憶に関わるエリア

　これらのエリアのことを、私は「脳番地」と呼んでいます。

　脳の力を最大限に引き出すためには、脳番地の働きや脳番地同士の関連性を知り、それぞれを正しく鍛えることが鍵となるのです。

　本書は、これらの考え方をベースに、「**英語の習得**」という目標にフォーカスして書き下ろしたものです。

　単語の記憶やリスニング、スピーキング、リーディング、ライティング、英文法の学習などのために、脳科学的にはどのようなトレーニングを行うべきなのか——その答えは、やはり**8つの脳番地**に隠されています。

　重要なのは、8つの脳番地が英語学習や英語を使う場面で、どのような役割を果たしているのかを知ることです。

　脳の使い方を「英語習得」という目的に絞ったとき、それぞれの脳番地の鍛え方を知り、それを実践することで、より効率的で楽しい英語の習得が可能になるでしょう。

☑「脳番地トレーニング」は、シンプルで効果抜群!!

　急に「脳番地」などと言われると、「自分にもできるだろうか」「難しかったらどうしよう」などと心配になる方もいらっしゃるかもしれません。

　しかし、**本書で紹介していくトレーニング法は、どれもシンプルで取り組みやすいものばかり**です。どうぞ、安心して読み進めていただければと思います。

　私は、脳科学に基づいたトレーニング法が、今の英語学習法に疑問を抱いている方や英語学習に行き詰まりを感じている方の光明になるものと確信しています。

　ぜひ本書で、みなさんの「英語を身につけたい」という願いをかなえてください。

「脳のエリア」ごとの学習法を伝授します！

Contents

はじめに ·· 003

Chapter 1

脳科学者が教える
大人のための学習法

1 大人になっても英語は上達する! ································· 016

2 脳科学的に正しく「自分流」で学ぶ方法 ················ 020

column 1 自分専用の「英語教材」をつくろう! ············ 026

Chapter 2

脳科学的に正しい
英語学習の始め方

1 「脳の発達」に合わせた学び方を実践する ··············· 028

2 「脳のエリア」を意識して
狙ったスキルを伸ばす ··· 031

3 8つの脳番地を使って
「英語の頭」をつくる方法 ··· 033

4 脳番地を成長させて
英語に負けない脳をつくる ··· 039

5 「脳番地連携」で理想の英語脳をつくる ⋯⋯⋯⋯⋯ 040

6 伸ばしたい脳番地を効率よく育てる方法 ⋯⋯⋯⋯ 044

7 得意科目から始め苦手科目を克服する ⋯⋯⋯⋯ 048

Chapter
3

脳科学的に正しい
【英単語学習法】

1 単語を覚えるには記憶系脳番地を刺激する ⋯⋯⋯ 054

2 電子辞書を持ってスーパーで買い物をする ⋯⋯⋯ 057

3 身の回りのものを「英語化」して覚える ⋯⋯⋯⋯ 062

4 「長い英単語」で記憶力を鍛える ⋯⋯⋯⋯⋯⋯ 068

5 「外国人の名前」を覚えて
  単語の記憶力を鍛える ⋯⋯⋯⋯⋯⋯⋯⋯⋯ 070

6 「単語の書き取り」をして運動記憶で覚える ⋯⋯⋯ 072

7 「インプット方法」を決めて
  集中的に単語を覚える ⋯⋯⋯⋯⋯⋯⋯⋯⋯ 074

8 英単語は「付随情報」と一緒に覚える ⋯⋯⋯⋯⋯ 077

9 運動系脳番地で「使える英語」を身につける ⋯⋯⋯ 078

10 「何でも記憶するクセ」で
  単語の暗記力を高める ⋯⋯⋯⋯⋯⋯⋯⋯⋯ 080

column 2 「数字」の表現を覚えよう ⋯⋯⋯⋯⋯⋯ 082

Chapter
4

脳科学的に正しい
【リスニング学習法】

1 リスニングの力は聴覚系脳番地で伸ばす ………… 084

2 「教材CD」以外の英語で
ホンモノのリスニング力をつける ………… 090

3 「英語三昧デー」で日本語から離れる ………… 092

4 「英語三昧デー」には好きな洋画を何回も見る ………… 096

5 洋画を見るときはまず日本語で見る ………… 099

6 「好きな映画・ドラマ」を徹底して見る ………… 102

7 ディクテーショントレーニングで
聴覚系脳番地を活性化する ………… 104

column 3 私のリスニング強化策 ………… 106

Chapter
5

脳科学的に正しい
【スピーキング学習法】

1 スピーキングは、運動系脳番地を鍛えよう！ ………… 108

2 日本語のスピーチ練習で
英会話の下地をつくる ………… 110

3 遊び感覚の練習で伝達系脳番地を鍛える ………… 112

4 「シャドーイング」で
耳・口・脳を「英語モード」にする ………… 114

5 「言い換え」トレーニングで
英語の感覚をインプットする ……………………………… 116

6 聞き取れないときは「目で見て」補う …………………… 118

7 話す相手に「視覚系リスニング」をさせる …………… 120

8 海外に行ったら必ず「英語で買い物」しよう! ……… 122

9 海外旅行の思い出を友人に英語で話してみる ……… 124

10 オンライン英会話は自分で話題を用意する ………… 126

11 SNSのコメント書きでスピーキング脳を育てる …… 128

12 「発音」を気にしすぎると
頭の回転が止まってしまう ……………………………… 130

Chapter **6**

脳科学的に正しい
【リーディング学習法】

1 視覚系×記憶系でリーディング力を強化する ……… 134

2 外出したら「すべての英語」に目を向ける …………… 136

3 リーディングの前に日本語で知識を習得する ……… 138

4 リーディング練習は
「好きなもの」をトコトン読む …………………………… 140

5 論文の概要や企業の広報文を読んでみる ………… 142

6 ネット検索で速読力を鍛える …………………………… 145

7 精読するものはじっくり選び
持ち歩いて何度も読む …………………………………… 148

8 英語を読むときは
「返り読み」は絶対にしない 149

column 4 文字を目で追うのが苦手な人は? 152

Chapter
7 脳科学的に正しい
【ライティング学習法】

1 英文のライティングは
「要素の並べ替え」で始める 154

2 英語で書く前に日本語で文章を書いてみる 156

3 美しい英文は「マネ」をすれば書ける 158

4 ライティングの練習には
説明文や紹介文を書こう 162

5 形容詞や副詞は使いながら覚える 167

column 5 日本人こそライティング強化を 168

Chapter
8 脳科学的に正しい
【英文法学習法】

1 決まりごとを守る「ルール脳」を育てる 170

2 文法は、「理解系」を使って
「シチュエーション中心」で学ぶ 172

脳科学的に正しい
【英語脳をつくる習慣】

1 日本語の学習で英語脳の下地ができる ································· 178

2 腹をくくればどんな英語も伝わる ································· 182

3 英語脳をつくる1週間の過ごし方 ································· 184

あとがき ··· 194

本文イラスト　村山宇希（ぽるか）

図版作製　Sun Fuerza

脳科学者が教える

大人のための学習法

大人になっても
英語は上達する！

学生時代に英語で挫折。そこからの大逆転

　今でこそ、こうして英語学習の本を書いている私ですが、**学生時代は英語がまったくできませんでした**。中学生の頃は、英語教師が「どうしてそんなに英語ができないのか」と首をかしげて心配するほどでしたし、高校生になってもそれは変わりませんでした。

　なぜ英語ができなかったのか、理由を考えると、英語に対する親近感が全然足りていなかったことが挙げられます。

　私は陸の孤島のような田舎で育ちましたから、外国の文化に触れる機会がほとんどなく、アルファベットに親しむこともありませんでした。

　しかし、理由はそれだけではありません。私は、英語だけでなく国語も苦手でした。

　これは、脳の仕組みを知っている今となっては当然のことなのですが、国語が苦手な脳は、英語も苦手なのです。

　「語学ができる脳」を鍛えるすべを知らず、間違った勉強法を続けていた私は、大学受験で苦しむことになりました。医学部に入るのに、2年も浪人したのです。

やっと医学部に受かったときも、数学や物理、化学はほぼ満点でしたが、英語はまったく自信がありませんでした。試験が終わったときは、「英語がダメだったから、また落ちたかもしれない」と思ったほどです。

それでも、大学入学後も「何とか英語を身につけたい」という思いはありました。ですから、英語学習の教材を買い込んで勉強したり、英会話学校に通ったりもしました。

しかし、そうやってやみくもに英語を勉強しても、鍛えられるのは根性ばかりという有り様。肝心の英語力は、まったくといっていいほど伸びないまま、私は26歳で大学を卒業しました。学生時代の私は、語学に対して、誰にも負けないほどのコンプレックスを持っていたと思います。

🧠 大人になってからのほうが、英語力が伸びた

みなさんの中には、こうした私の英語歴を意外に思う方もいるかもしれません。「そこまで英語が苦手だったのに、大人になってから英語を身につけられるものなの?」と。

一般には、語学は若いほうが身につけやすいと考えられているようです。

「社会人になってから英語を学ぶのは大変だ」

「今から英語を身につけるなんて、難しいに決まってる」

そう感じながら、この本を読んでいる人も少なくないでしょう。しかし、**英語は大人になってから勉強しても、十分に力を伸ばすことができます。私自身が、その証明です。**

もちろん、きっかけはありました。私の場合、それは小児科医として働いていた27歳に、MRI（Magnetic Resonance Imaging：磁気共鳴画像法）に出合ったことでした。

　MRIは、磁気の力を使って身体の中を撮影する手法です。今でこそずいぶん身近になりましたが、私が初めてMRIの装置や撮影された画像を見た当時はたいへん画期的でした。

「MRIのことをもっと知りたい」

　そんな思いが募り、私は夏休みを利用してオランダの学会に足を運びました。

　当然、英語はほとんどわかりません。しかし、学会発表の展示を見ているうちに、私はあることに気づきました。

　自分の専門である小児科に関連する英語なら、なんとなく意味がわかるのです。

🧠「自分のよく知っている分野」なら英語も苦痛じゃない

「そうか、専門的な内容の英語でも、基礎知識があって知っている単語もたくさんある分野なら、読めるんだ」──。

　このときの体験が、私の英語へのスタンスをがらりと変えました。英語に対して前向きになり、「自分も英語で論文を投稿しよう」とまで考えるようになって、そのための英語の勉強をスタートしたのです。

　13歳から10年以上も必死に勉強しても、まったくものにならなかった英語でしたが、**論文を書こうと思ったときから、勉強が苦にならなくなりました。**

　そして28歳のとき、私が書いた英語論文は、放射線学のトップジャーナルに受理され、国際学会でなんと英語のプレゼンを行うまでになりました。たった１年ほどでここまで伸びたのですから、驚くべき成果だったと思います。

　その後、MRIの研究のために34歳で渡米。当初は日常会話などで苦労したこともありましたが、ヒアリングやスピーキングの力はどんどん伸びていきました。今では、英語で論文を読み書きするだけでなく、アドリブでプレゼンをするようにまでなり、海外の映画やドラマ、外国人の友人との会話なども楽しめるようになっています。

国際学会に発表した英語論文（1993年）

Journal of Cerebral Blood Flow and Metabolism
13:516-520 © 1993 The International Society of Cerebral Blood Flow and Metabolism
Published by Raven Press, Ltd., New York

Short Communication

Human Visual Cortical Function During Photic Stimulation Monitoring by Means of Near-Infrared Spectroscopy

Toshinori Kato, Atsushi Kamei, Sachio Takashima, and *Takeo Ozaki

Division of Mental Retardation and Birth Defect Research, National Institute of Neuroscience, NCNP, Tokyo;
Application Systems Division, Hamamatsu Photonics K. K., Hamamatsu, Japan

Summary: Near-infrared spectroscopy (NIRS) was used to monitor human visual cortical function during and after photic stimulation (PS) in five adult volunteers. Cerebral blood volume (CBV) increased on the occipital surface during PS, but NIRS parameters did not change on the frontal surface. The increase in CBV was caused by a rapid increase in oxyhemoglobin with but a small increase in deoxyhemoglobin, suggesting cerebral vascular dilation with decreased oxygen consumption. After PS stopped, CBV promptly decreased and then slightly increased again. Cytochrome aa₃ did not show any change during and after PS. These phenomena reappeared following repeated PS in all five subjects. These results may represent the first step in the development of NIRS imaging. **Key Words:** Visual cortical function—Photic stimulation—Cerebral blood volume—Near infrared spectroscopy.

A study of human subjects using positron emission tomography (PET) indicated that photic stimulation (PS) raises blood flow and glucose consumption in the visual cortex by about 50%, whereas oxygen consumption increases only 5% (Fox et al., 1988). Using proton magnetic resonance spectros-

tilation, which decreases cerebral circulation through hypocapnia (Jobsis, 1977), was used as a functional test. Recently, we used NIRS to investigate human visual cortical function during and after PS. We also tested the hypothesis that CBV remains constant during PS.

28歳で国際学会に論文が受理されたことがきっかけで、それ以降、多数の英語論文を発表しています。

2 脳科学的に正しく「自分流」で学ぶ方法

😊 英語は、「あくまでツール」と割り切ろう

　27歳にして英語学習に開眼した私が、たった1年で英語論文を書くまでになれたのは、どうしてでしょうか？

　一番大きな理由は「英語でやりたいことができたこと」だと思っています。

　語学は、コミュニケーションのためのツールです。そのツールを使って「やりたいこと」がなければ、学習のモチベーションは高まりません。

　また、「やりたいこと」が明確でないと、自分にとってどんな英語力が必要なのかがわからず、遠回りな勉強法を選ぶことになってしまいます。

　高校生の頃、私がなぜ英語を勉強していたのかといえば、テストや、大学受験のためでした。実は、これが英語学習を失敗に追い込む大きな原因だったのです。

　高校時代の私は、ずっと「英語ができるようになりたい」と思って勉強していました。しかし本来、英語を学ぶとは、「英語で何かできるようになりたい」という思いがあって、初めて目的が定まるもののはずです。そして、目的が定ま

ってこそ、それを達成するための方法も見えてきます。

　今、みなさんが、昔の私のように「英語ができるように なりたい」と思っているなら、まずその考え方を見つめ直 すことが必要です。

　ビジネスで英語が必要という人なら、英語で誰かとスムー ズにコミュニケーションすること、英語でビジネス上の 課題を解決することなどが目的となるはずです。

　まずは、「自分に必要なのはどんな英語力か」をイメー ジしましょう。やみくもにTOEICや英検の対策をしても、 望むような結果は得られません。テストの点数が伸びたと ころで、本来の目的を達成できるわけではないからです。

🧠 大人だからできる、即効性の英語力向上法

　受験生時代の私の話に戻りましょう。

　私は英語だけでなく国語も苦手でしたが、国語は何とか 攻略することができました。そのときに役立ったのは、自 分が好きな詩でした。短い詩を使い、意味を一つひとつ考 え、理解していくことで国語力をアップしたのです。

　自分が好きなもの、興味があるものを使って勉強すると いうことは、実は英語学習でもそのまま使える方法です。

　さきほど、「英語はあくまでツールであり、英語で何を やりたいのかが大事だ」ということをご説明しました。

　私にとっては、「英語でMRIについてもっと最先端の技

術を学びたい、英語で論文を書きたい」というのが英語学習の目的でした。ですから、MRIに関係する英語の論文などを自分で好きなだけ集めて読むことは、そのまま、自分がやりたいことをかなえる手段だったわけです。

みなさんも考えてみてください。自分が興味を持てるテーマ、好きなこと、英語でやりたい分野はなんでしょうか？

たとえばIT関係の仕事をしている人なら、IT系の専門用語はよく知っているでしょう。英語学習をするとき、**まず覚えるべき英単語は、「自分がやりたい分野の英語」**です。

同じように、もしあなたが専業主婦で、外国人を招いてホームパーティを開きたいなら、おもてなしの言葉から覚えるべきでしょう。海外のショッピングサイトで買い物をしたいなら、まずはそういったサイトに出てくる言葉の意味や、商品・サービスの説明によく使われるフレーズなどを調べてみるのが近道です。

英語は「ライフスタイル」に合わせて学ぶ

英語は、自分の仕事やライフスタイルに合わせて学ばなければ、実際に「使える英語」にはなりません。

脳の観点から見ると、自分が専門としていること、深く探求している趣味などの領域を通して英語を学ぶというスタンスが非常に重要です。

こうして考えてみると、私が中学・高校時代や浪人生時

代に英語ができなかったのも無理はないように思います。というのも、英語の教科書や参考書には、自分が興味を持てるテーマの英文などほとんど出てこなかったからです。

　中学生や高校生でも、親近感の持てる内容のコンテンツを選んで英語を勉強することが必要なことは変わりありません。繰り返しになりますが、英語はテストのためではなく、本来は、情報を英語で得る手段であり、コミュニケーションのツールとして身につけるべきものだからです。

　たとえば、

①好きな教科の習ったことを、英語で読み書きする

②スポーツや音楽などの趣味について、英語で読んだり聞いたりしてみる

③外国の小説を原文で読んでみる

　そういったことこそ学生時代にやるべきではないかと、私は思っています。

　実際に、高校時代にはビートルズにあこがれてすべての楽曲を知っていた級友は、英語をかなり使いこなしていました。海外で生まれ育った日本人が、英語が使えるようになるのは、日常生活で必要とするからです。

🧠 「英語が使える」とは、どんなこと？

　英語の勉強をしていて挫折しがちな理由として、「英語力が伸びているかどうかが実感しにくい」ということが挙げられます。みなさんは、自分の英語が上達した姿を具体

的にイメージしているでしょうか？

　なんとなく「英語がペラペラになれたらいいな」とか、「とりあえずTOEICのスコアが上がればいいだろう」と思っているようでは、学習途中で「英語が上達している気がしない」と感じ、勉強をやめてしまいかねません。

　これから英語を学び直すなら、「何をもって英語が上達したとするか」を考え、目安を決めておくことが大切です。

　たとえばリスニングの場合は、「**外国人が集まるお店に行ったとき、周囲の会話の中身が聞こえてうるさく感じる**」ことが、一つの上達の目安になるでしょう。

　私自身、英語が聞き取れないときは、他人の会話をうるさいと感じることはありませんでした。しかしリスニング力がアップすると、お店で隣の席の会話が理解できるようになり、自然と「ずいぶんくだらない話をしているな、ちょっとうるさいなぁ」などと感じるようになったのです。

　私の場合は、国際学会への参加も目安になりました。毎年参加していると1年ごとに、リスニング力のアップが実感できました。最初は5％ぐらいしか聞きとれなかったのに、翌年は「聞こえる単語が増えた」と感じ、さらに翌々年は、「結論を耳で拾える！　10％くらいわかってきた！」と叫びだしたいくらいに聞き取れるようになりました。

　リーディングでは、自分が英語で読めるものが少しずつ広がっていくと、上達を実感することができます。

　まずは自分が専門とする分野や、趣味などで関心の高い

分野のものから読み始めましょう。知りたいことをどんどん追っていけば読みたいものもどんどん増えていきます。

　何を置いてもまずは、自分が読みたい資料を集めまくる！　という意識と行動が重要です。

　また、読み方についても意識的にステップアップしていくことが大切です。

　たとえば新聞や雑誌なら、まずは見出しを見て読みたい記事を拾えるようになるのがファーストステップ。記事を全部読めなくても、最初はわかりやすい図や写真だけを見て、その説明文を読んで理解できれば十分です。最終的には、文章の中からキーワードを見つけ、重要なポイントだけ拾い読みできるくらいになれば、かなり読解力がついたといっていいのではないでしょうか。

　スピーキングで最も大切なのは、外国人の顔をしっかり見て話すことです。英会話が苦手な人は、どうしても目線が下を向きがちです。しかし、会話は相手があって成り立つコミュニケーションですから、相手の目を見て話せなくてはなりません。これは、プレゼンテーションをするときも同様で、聴衆の目を見ながら話すことが重要です。

　しっかり相手を見て会話でき、外国人のジェスチャーも理解できるようになれば、英会話力が伸びていると考えていいでしょう。

　みなさんもぜひ「英語でやりたいことができている自分」をイメージし、具体的な上達の目安を考えてみてください。

(column 1)

自分専用の「英語教材」をつくろう!

この本を手に取ってくださったみなさんは、おそらく「これから英語の勉強をやり直す」という社会人の方が多いだろうと思います。「何から手をつけていいのかわからない」という人も、少なくないのではないでしょうか。

しかし、「どうすればいいかよくわからないから」といって、受験のときと同じような英語学習はオススメしません。

みなさんが英語を学ぶのは、何かしら理由があるはず。「仕事で英語の資料を読んだり話したりしなければならない」「海外のサイトを見て、中身がわからないのがストレス」「大好きな海外ドラマを字幕なしで観たい」……

このように、まずは「英語で何を、どのようにやりたいのか」を明確にすることから始めましょう。

英語は、他人が決めた尺度で勉強しても意味がありません。英語の資料を読みたいなら、市販の単語集を買うのではなく、自分で必要な単語を調べて専用の英語教材をつくるべきです。海外ドラマを字幕なしで観たいなら、TOEICの参考書で勉強するのはかなり遠回りでしょう。

ちなみに私は、おそらくTOEICではさほど高いスコアは取れないと思います。しかし、国際学会で発表するのに不自由はありません。「自分が英語でやりたいことをできるようになること」を重視するのが「使える英語」の近道です。

脳科学的に正しい

英語学習の始め方

「脳の発達」に合わせた 学び方を実践する

🧠 英語学習は「大人の脳」のほうが向いている！

先にご説明したように、大人になってから英語を身につけることは十分に可能です。

それどころか、**脳の専門家の立場としては、「大人のほうが英語学習に向いている」**とさえ言えると思っています。「大人になると脳は衰えるばかりで、成長しない」と考えている人がいるなら、それは誤りです。

ここで簡単に「脳の仕組み」をご説明しましょう。

生まれたての赤ちゃんの脳は、成長する前のまっさらな状態です。このとき、人間の脳には最も多くの脳細胞があり、その後、脳細胞は成長に伴って数が減っていきます。

しかし、**「脳細胞が減ってしまったら、脳は衰えるのではないか」**と考えるのは早計です。

脳細胞の数が減少する一方で、脳内ではアミノ酸など栄養となる物質が増えていきます。そして、栄養が供給され続けることで、脳は成長を続けるのです。人間の脳は、一生、成長を止めることはありません。

頭頂に向かって運動野が形成されていく過程の乳児の写真

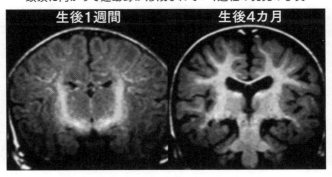

上図の側頭葉にある聴覚野が形成されていく過程の拡大写真

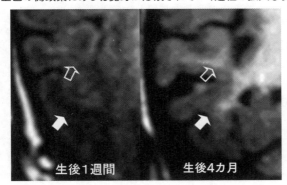

新生児の脳（左）と生後4カ月の脳（右）の比較。4カ月頃になると、聴覚系脳番地（白抜き矢印）と脳の下段の端のあたり（白矢印）が発達。これが、言語理解の最初の一歩。この時期から、多くの赤ちゃんが両親の呼びかけに反応するようになる。

繰り返しになりますが、私は長年にわたり、MRIによる脳の画像診断を行ってきました。これまでに見た脳の画像は、胎児から100歳を超える高齢者まで、1万人以上に上ります。

　この経験から言えるのは、**人間の脳が大きく成長して個性を伸ばしていくのは、20〜40代である**ということです。

　なぜ、20代以降は脳の個性が大きく伸びるのでしょう？

　これは、学校を卒業して社会に出ることで、脳がそれまで以上に刺激を受けることが理由です。

　学生時代は、多くの人が決まったカリキュラムに沿って勉強しています。一定の勉強を継続するだけでは、脳が個性的な成長を遂げることは難しいでしょう。

　しかし、社会に出て多様な仕事を任されるようになると、脳に求められる働きががらりと変わります。将来への夢や目的を持ち、社会からも活躍を期待されることが、脳の力を呼び起こすのです。

　20〜40代は、脳科学的には、さまざまなことにチャレンジすべき年代だと言えます。学生時代には知らなかったことへの興味や、できなかった体験とともに学ぶことで、より効率的に英語力を高めることができるのです。

　「英語をこれから学び直したい」と思ったら、そのときこそが、英語習得の適齢期なのです。

「脳のエリア」を意識して狙ったスキルを伸ばす

英語脳は、「番地」ごとに鍛えよう！

脳の鍛え方を押さえるために、ここで「**脳番地**」の考え方を紹介したいと思います。

「脳番地」というのは、私が提唱している概念です。

脳には1000億個を超える神経細胞があり、似た働きをする細胞が集団になっています。

そして、脳細胞の集団は、「思考に関わる細胞集団」「記憶に関わる細胞集団」「運動に関わる細胞集団」というような働きごとに、脳の中で「基地」を持っています。

この細胞集団と、それぞれの集団が持つ基地のことを、私は「脳番地」と呼ぶことにしたのです。

よりシンプルにわかりやすく言えば、**脳には「番地」ごとの担当分野がある**、ということです。

脳全体を地図とすると、機能ごとに区画をわけ、それぞれの区画に「番地」を振っていると考えてもいいでしょう。

脳全体は、左脳と右脳でそれぞれ約60ずつ、合わせて約120の脳番地にわけることができます。このように分類しておくと、「A番とB番は記憶するときに働く脳番地」というように脳の機能を把握しやすくなります。

31

もっとも、この本はみなさんに英語学習法をお伝えするためのものですから、120の番地の詳細についての詳しいご説明は控えます。

　ここでは、脳は場所ごとに機能があるということと、機能ごとに「脳番地」という概念で把握する考え方を押さえておいてください。詳細にご興味がある方は、拙著『仕事も人間関係もうまくいく！「脳」の地図帳』（三笠書房）などをご参照いただければと思います。

✿ 脳番地を知り、苦手分野を克服する

　脳の神経細胞は、年を経るごとに減少していきます。もちろん、細胞自身の老化も進みます。

　しかし、複数の脳番地をつなぐネットワークは、学習を重ねることで成長していくことがわかっています。

　つまり、老化によって神経細胞が減っても、脳番地のネットワークを強化できれば、脳の機能をもっと鍛え上げることが可能なのです。

　脳番地同士のつながりを強化することこそ、脳の働きをよくするための重要なポイントであると言えます。

　このネットワークは、たとえば「知っている単語を話す」といったときに真価が問われます。これが苦手な人は、「記憶」と「口の運動」が連動していない可能性があります。脳番地の強化方法を知れば、両者のネットワークをつなぎ、英語の苦手分野を克服することができるのです。

3 8つの脳番地を使って「英語の頭」をつくる方法

英語学習を助ける8つの脳番地

120の脳番地を機能別にまとめると、大きく次の8つの系統にわけることができます。

英語を学習するときや英語を使う場面で、それぞれの脳番地がどのような役割を果たすのかを見ていきましょう。

①**思考系脳番地**……人が何かを考えるときに深く関係する脳番地。英語を使う際は、話す内容や書く内容などのコンテンツを考えるとき、言葉の配列を考えるときなどに働きます。

②**感情系脳番地**……喜怒哀楽などの感情を表現するのに関わる脳番地。英語表現でも、大切な役割を果たします。

③**伝達系脳番地**……コミュニケーションを通じて、意思疎通を行う脳番地。英語でコミュニケーションする際、情報を操作する役割を担います。

④**理解系脳番地**……与えられた情報を理解し、将来に役立てる脳番地。英語で与えられた情報も、当然、この脳番地が機能することで理解が可能になります。

⑤**運動系脳番地**……体を動かすこと全般に関係する脳番地。

英語学習においては、口を動かして英語を発音するときに深く関与します。

⑥聴覚系脳番地……耳で聞いたことを脳に集積させる脳番地。ヒアリングした英語の情報を処理する際に働きます。

⑦視覚系脳番地……目で見たことを脳に集積させる脳番地。リーディングを行うときや、外国人との会話で表情や身振り手振りなどを見るときなどに関わります。

⑧記憶系脳番地……情報を蓄積させ、その情報を使いこなす脳番地。英語学習においては、単語を覚える際などに重要な働きをします。

🧠 伝達系脳番地を鍛えるのが、英語力アップの近道!

英語を学び、英語でコミュニケーションするために、最も重要なのは「伝達系脳番地」です。

ここでいう「伝達」とは、言葉によって情報を伝えることだけを意味しているのではありません。「誰かに何かを伝えたい」と考えて行う行為は、文章を書いたり身振り手振りも含めて、伝達系脳番地が担っています。

伝達系脳番地は、言葉で伝える「言語系」と、図形や映像などを使って伝える「非言語系」の2つに大別できます。

言語の使用は左脳に依存しているので、英語を使って何かを伝えるときは左脳の伝達系脳番地が使われます。

ですから、左脳側の番地が発達しているほど、英語の習得には有利だと言えるでしょう。

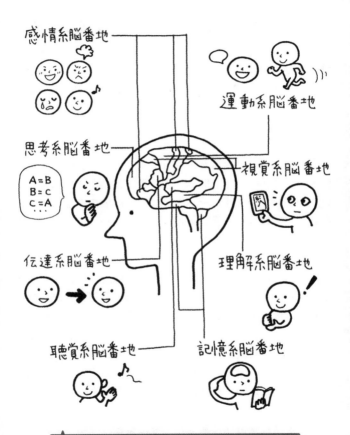

8つの脳番地が、英語のスキルを分担する！

❀ 伝達系を中心に学習するのが、上達の鉄則

　伝達系脳番地と、その後ろのほうにある**理解系脳番地**や**聴覚系脳番地**は、非常に深い関係があります。このことは、コミュニケーションする際に脳がどのように働いているかを考えてみると、よくわかります。

　35ページのイラストを見ると、それぞれの脳番地の位置が近いことに気づくでしょう。

　人が誰かとコミュニケーションするときは、**聴覚系脳番地**を使って相手の話を聞き、**理解系脳番地**でその内容について理解を深めます。そして、これらの脳の働きによって得られた情報は**伝達系脳番地**に送られ、相手に情報を伝えるための材料となるのです。

　伝達系脳番地を鍛えるには、まず、伝達の材料となる情報を得ることが肝要です。つまり、**伝達系脳番地が感情系、思考系、理解系、聴覚系**といった、**各脳番地から情報を得るトレーニングを行う**ことが大切なのです。これを英語で行えば、「**英語のための脳番地強化**」が可能になります。

　また、英語に口を慣らし、スムーズに話すという観点では、**伝達系と運動系の連携を深める**ことも必要でしょう。

　このように脳番地に基づいて考えると、英語学習においては、次に挙げる6つの方法がお勧めです。

（1）英語で話すときに、感情を込め、表情を豊かする（感情系→伝達系）

（2）英語の構文をあれこれ変えてみて、ベストチョイスは何かを考えて話す（思考系→伝達系）

（3）英語の音声を聞きながら話す「シャドーイング」を行う（聴覚系→伝達系）

（4）英語を使うときに「相手にメッセージを伝えよう」「もっと理解してもらおう」とする（理解系→伝達系）

（5）英語の発音を上手くしようとしながら話す（伝達系→運動系）

（6）英語で発音した後、より正しい発音に修正しながら、もう一度繰り返す（聴覚系→伝達系→運動系）

　本書のメインである、単語学習、リスニング、スピーキング、リーディング、ライティング、文法といった英語の各種スキルの上達方法は、これらの「脳番地強化メソッド」をいかに日常的な学習につなげられるか、という観点から紹介していきます。

(1) 表現力豊かに話す
　　(感情系 →伝達系)

(2) 正しい文法で話す
　　(思考系 →伝達系)

(3) 話を聞いて答える
　　(聴覚系 →伝達系)

(4) 論理的に話す
　　(理解系 →伝達系)

(5) 発音に気をつけて話す
　　(伝達系 → 運動系)

(6) ネイティブの発音をマネる
　　(聴覚系→伝達系→運動系)

「伝達系」を鍛えるのが英語上達の近道!

4 脳番地を成長させて 英語に負けない脳をつくる

脳神経を太くすると、言語が身につく

学生時代に英語がまったくできなかった私ですが、MRI研究の過程で脳の構造を理解すると、「語学が上達するとき、脳では何が起きているのか」がわかるようになりました。

たとえば**東大生の脳は、脳の左側の側頭葉が非常によく発達していました**。これは言葉の蓄積力が高いことを示し、リーディングの際に重要な役割を果たす部分と同じです。

側頭葉の下部は、脳の側面に位置する部位ですが、成長に伴い、知識を得ていくことで発達します。ここが十分に発達していないと、成績の向上は望めませんし、特に語学の学習については苦労することになると考えられます。

では、大人になってから側頭葉を鍛えることが可能なのかといえば、もちろん大丈夫です。

ここまでご説明してきた「脳番地」の概念を理解し、正しいトレーニングを行えば、脳の強化はいくつになっても可能です。

脳番地の考え方に基づいた脳のトレーニングを、英語学習に取り入れることで、効率的な英語習得も可能にするのです。

「脳番地連携」で
理想の英語脳をつくる

🧠 脳番地を成長させるには？

先ほどご説明したように、脳番地には8つの種類があります。では、これらを成長させるには、どうすればいいのでしょうか？

脳番地は、神経細胞が集まる「皮質」と、神経線維が集まる「白質」から成り立っています。神経細胞と神経線維が成長すると、白質が太くなって皮質の表面積も広がっていきます。この成長の様子が、まるで樹木の枝が伸びるように見えるので、私は「脳の枝ぶり」と呼んでいます。

41ページの画像をご覧ください。MRIで3歳児の脳を見ると、多くの部分が白くなっていることがわかります。脳番地の枝ぶりはほとんど発達しておらず、運動系脳番地の細い枝が確認できる程度です。

一方、大人の脳の画像を見ると、成長するにつれて脳の枝ぶりが太くなり、黒く見えるところが増えていることがわかるでしょう。これは、8つの脳番地が多くの情報を得て枝を発達させ、ほかの脳番地とつながるためにどんどん伸びていった結果です。

脳は一生成長し続ける

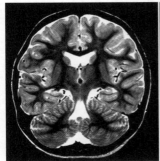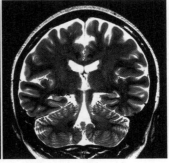

3歳児の脳（左）と38歳の大人の脳（右）の比較。色が濃くなっている箇所が、脳細胞が発達し、脳内ネットワークがどんどん密につながっていることを示している。脳細胞が減ることとは関係なく、脳は多くの経験で成長していく。英語学習も脳にとっては大きな刺激であり、継続することで、年齢にかかわらず上達する。

脳番地の中でも、さまざまな情報を吸収して経験を積み、使い込まれた部分は、枝ぶりが太くなります。

　人によって、成長の過程で得る情報や経験は異なりますから、脳の枝ぶりは一人ひとり違いがあります。これこそ、脳の「個性」です。

☆ 脳番地を効果的に鍛える方法

　脳を鍛え、働きを良くするには、脳番地の枝ぶりを太くしなくてはなりません。

　枝ぶりを太くするには、まずたくさん経験を積み、脳番地を使い込むことが欠かせません。

　また、脳番地には、別の脳番地とつながろうとする性質があります。たとえば英語を聞きながら何かを考えれば、聴覚系脳番地と思考系脳番地がつながります。

　同様に、英語を読みながら考えを巡らせれば、視覚系脳番地と思考系脳番地がつながります。

　英語の音楽を聞いて気分が盛り上がり、自分も口ずさめば、聴覚系脳番地、感情系脳番地、運動系脳番地がつながるわけです。こうした**脳番地連携**をうまく使うと、脳番地を効果的に鍛えることができます。

☆ 眠っている脳番地を呼び覚まそう

　ここでもう一度、41ページの画像を見てみてください。

　右側の大人の脳を見ると、黒い枝ぶりが、まだ細い部分

があります。

　この細い部分は、実は未熟で「**休眠中**」の脳番地です。あまり使い込まれなかった脳番地は、枝ぶりが発達しないままになっているのです。生活パターンや思考方法などの違いにより、「休眠中」の脳番地と使い込まれている脳番地は異なりますが、**大人の脳にも「休眠中」の脳番地がある**はずです。

　こうした脳番地の枝ぶりを育てることができれば、脳の潜在的な力を引き出すことができます。

　眠っている脳番地を刺激するには、**苦手意識を持っている行動**に目を向けてみましょう。英語学習でいえば、「単語を覚えるのが苦手」「そもそも文章を読むのが苦痛」といったことが挙げられるかもしれません。

　苦手なことがあるというのは、その能力を発揮するための脳番地が休眠中であることを意味します。それを呼び覚ますことができれば、脳が本来持っている力が引き出され、英語の学習効率もぐんとアップするでしょう。

　苦手意識のあることを克服するのは難しいと感じるかもしれませんが、脳には「伸びたくない」と思っている場所などないのです。後ほど詳しく説明しますが、日常の習慣を見直すだけで、「休眠中の脳番地」を目覚めさせることは、十分に可能です。

伸ばしたい脳番地を効率よく育てる方法

🧠 脳番地を刺激するポイントは?

　脳番地を鍛えるには、人によって異なる脳固有の「**クセ**」に注意する必要があります。ここでいう「クセ」とは、その人が取りやすい思考パターンのことです。

　脳には、「好き・嫌い」という嗜好に大きく影響されるという特徴があります。

　たとえば、「マンガならいくらでも読めるけれど、本を読むのは嫌いだ」という人。このような人の脳は、文字情報から場面をイメージする思考回路が未発達だと考えられます。マンガなら絵を見ながらセリフを読むことができるので、自分で場面をイメージする必要がなく、内容を理解しやすいわけです。

　脳は、好きなこと、心地よいことを選びたがるものでもあります。ですから、マンガが好きな人は、放っておけば「本よりマンガを読むほうがいい」という思考になりがちです。これこそ、脳の「クセ」なのです。

　脳のクセは、すでに完成した「高速道路」のようなものです。いつも通っている思考の高速道路に乗れば、スムーズに先に進むことができます。

　一方、まだ道路が通っていないと、まずは道をつくるための工事から始めなければなりません。これは時間がかかりますし、手間がかかります。「面倒だなぁ」と感じると、道をつくることをあきらめたくなるでしょう。

　苦手なことを克服し、新しいことを学ぶには、このようなクセを直し、「新しい高速道路」をつくる方法を知っておく必要があります。さて、どうすればいいのでしょうか？

　ここで、47ページの画像をご覧ください。これは、ある女性の29歳時と30歳時の脳のMRI画像です。

　この女性には、物事を判断するとき、過去の事例に当てはめて考え過ぎる傾向がありました。そこで、過去の経験に頼らず、「事実が何を表しているのか」に注目し、自分なりに分析するよう指導したところ、1年間で視覚系に関係する右後頭側頭葉の枝ぶりに大きな変化が表れたのです。

　これは、**意識の持ち方を変えることで、脳に「新しい高速道路」をつくることに成功した**例だと言えます。

　脳を鍛えるには、まず自分の脳が持っているクセを知り、必要に応じてそれを克服するよう意識することが大切です。

　英語学習でも、「スピーキングは苦手だから」などと苦手項目を避けることがないようにしたいものです。意識を変えるだけで、脳の中で道づくりの工事が始まり、いずれあなたの脳の中に高速道路をつくることができるのですから。

㉟「させられ思考」ではなく「したい思考」で学習する

　脳番地を鍛えるという観点で考えると、**英語学習においては「環境設定」が重要**です。英語が必要になる場面をつくり、「英語が使えるようになりたい」という思いを高め、「もっと英語を勉強したい」となれば、しめたものです。

　脳には、受け身で「やらされている」と感じる「**させられ思考**」と、能動的な「**したい思考**」があります。

　「させられ思考」のまま英語を学ぼうとすると、英語を聞いても聴覚系脳番地が受け身になってしまいますし、英語をいやいや読んでいれば、やはり視覚系脳番地が受け身になってしまいます。

　脳を鍛えるという行為は、明確な意思のもとに行われなければ効果が期待できません。**脳番地を鍛えるときは、「させられ思考」を「したい思考」に変えることが重要**です。

　脳番地には「休眠中」の部分があるということはすでにご説明しましたが、よく使われる脳番地は自然に「したい思考」になっているもの。一方、使っていない脳番地は「させられ思考」になっている可能性があるので、要注意です。

　前述したように私自身、1年という短期間で英語の論文を書けるまでになったという経験をしています。このような効率的な学習が可能だったのは、まさに私が「**英語を必要とした**」からだと思っています。

1年で成長した成人の脳の比較

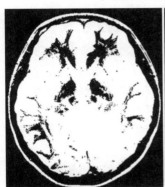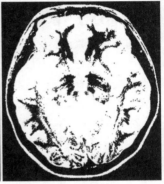

上の写真は、同一女性の、29歳時の脳（左）と30歳時の脳（右）の比較。2枚の脳の枝ぶり画像は完全に一致した位置ではないものの、30歳時のMRIでは、視覚系脳番地に相当する後前頭葉の枝ぶりが伸びていることが明らかだ。この女性はもともと、事実関係を「自分の目で見て確認する」ことが苦手だった。しかし29歳のときから、目で見てじっくり観察したり分析することを意識するようになり、その1年後には、多くの資料を見て、事実に基づいて論理的に話すことができるようになった。それとともに、理解系脳地の成長が認められた。このように、実際の能力の獲得は、脳の成長とリンクしている。

7 得意科目から始め 苦手科目を克服する

🧠 脳番地は、ポイントを絞って鍛える

これまで、脳をトレーニングするさまざまな方法が提唱されてきました。しかし、その多くは脳を漠然ととらえ、脳全体を鍛えるイメージのものだったように思います。

しかし、私が1万人以上の脳のMRI画像を見て得たのは、「脳の中は機能系統で分かれており、それぞれの脳番地をトレーニングすることこそ重要だ」という結論です。

これまで流行った脳のトレーニングが目指していたような、「すべての脳番地を同時に成長させる」ことは、実際にはできません。脳を鍛えるためには、**自分が育てたい脳番地をピンポイントで刺激するトレーニング**が必要です。

何らかの能力を伸ばすには、「洋楽を聞いて聴覚系脳番地を鍛える」というように、ある程度、集中的に特定の脳番地を成長させるように工夫しましょう。そうすれば、脳の枝ぶりは変化し、脳内の地図が書き換えられていきます。

🧠 日常生活からわかる、「英語ができる人」の習慣

どんな人にも、他人より優れた脳番地が一つはあるものです。その発達している脳番地は、強く意識せず使うこと

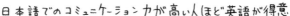

日本語でのコミュニケーション力が高い人ほど英語が得意

「日本語でのコミュ力アップ」も英語上達のカギ！

ができます。また、使い込むことによって、さらに発達するプラスのサイクルを持っている場合がほとんどです。

　こう考えると、脳の苦手分野は、得意分野を活用しながら伸ばすのが理想的です。これから英語をやり直す人は、**自分の脳で特に発達していそうな脳番地を活用して英語力に自信をつけ、それから弱点を克服する**のがよいでしょう。

　高校の同級生に、Cさんというとても優秀な女性がいました。Cさんは英語が得意で、高校に入学する時点で英検2級を取得していたほどです。当時の私は英語がまったくできませんでしたから、いつも「Cさんはすごいなぁ」と

49

羨望の眼差しで見ていたものです。

　Cさんが、背筋を伸ばし英語の授業を受けているのを見て、「自分も背筋を伸ばせば英語が頭に入るかも！」と考えてはマネをしたものでした。

　今になって思うのは、Cさんは言語能力を高めるために必要な脳番地がよく発達していたのではないかということです。Cさんは幼い頃、弟によく読み聞かせをしていたそうです。習いたてのひらがなを一生懸命たどりながら、声に出して文章を読むことが、言語習得に必要な脳番地（特に運動系と視覚系）を鍛えるのに役立ったのではないかと思います。小学生の頃には、よく音読が上手だとほめられたそうです。

　また、Cさんは幼稚園でオルガンを習い、後にピアノの教室にも通っていました。実家は工場を経営しており、従業員が参加する旅行ではみんなの前で童謡を歌っていたとも言います。このように、楽器演奏や人前で歌を歌うといった経験が、言語習得にも効果をもたらす聴覚系脳番地と運動系脳番地のトレーニングにつながったのでしょう。

🧠 「耳重視」と「目重視」の学習法

　一方、私はと言えば、唯一、祖母や母の昔話を聞きながら床についた生活習慣以外、子どもの頃に言語能力を高めるような習慣はほとんどありませんでした。

　小学校の頃は、音読がとても苦手で音読コンプレックス

でした。今は英語の文章ならスムーズに読めますが、日本語の文章の音読は相変わらず得意ではありません。

　ただ声に出して読むのが苦手なだけでなく、音読すると内容がまったく頭に入らないのです。もともと音読と黙読では脳の働く部位が異なるのですが、どうも私の脳は音読しながら、理解系脳番地を働かせることが苦手なようです。

　しかし、そんな私でも、むしろ大人になってから英語力を伸ばすことができました。

　私はいまだに聞いた音をマネたりするのが苦手で、聴覚系脳番地と聴覚記憶に弱点があると感じています。その一方で、視覚系脳番地を活かした英語習得ができました。

　私は昔から、見た風景をよく覚えていて、その風景が醸し出す詩情を感じ取っていました。毎日様変わりする日本海を見ては、その日の動きを占っていました。

　さらに、ものを覚えるときは紙に書き出し、それを映像のように脳に焼き付けていました。このように、視覚系脳番地を使う記憶には非常に強かったと思います。

　英文を読むときや単語を覚えるときなど、視覚系脳番地は重要な役割を果たします。**Cさんが「耳重視」なら、私は徹底的に「目重視」の英語習得法を実践した**と言ってもいいでしょう。むしろ学生時代は、「目」ではなく、無理矢理「耳」を重視して無駄な時間を過ごしていたのです。

　また、英語を使う上では、**思考系脳番地を重点的に鍛える**ことも効果的です。英語で書いたり話したりする内容を

考えるには、思考系脳番地こそ重要だからです。この点、英語論文の執筆に取り組むときなど、**私は常にメッセージの創造性**を大切にしてきました。

　そのようにして思考系脳番地を鍛えたことも、私の英語力アップに大きな効果をもたらしたと思っています。

　Cさんは大学卒業後に歯科医師になり、今は大学教授兼大学長として活躍しています。しかし、近年は英語で論文を書くことも、話す機会もあまりないため、「すっかり英語ができなくなってしまった」と嘆いていました。

　それでも、Cさんとメールや電話でやりとりしていると、その日本語の精度の高さから「やはり言語能力が高いんだな」と感心します。Cさんなら、また英語に触れる機会さえつくれば、すぐに抜群の英語力を取り戻せるでしょう。

　一方の私は、日本語も英語もさほど能力が高いとは思いません。しかし、視覚系や思考系の脳番地をうまく使うことで英語の苦手意識を克服し、今も日々、英語で情報収集をしたり論文を書いたりしています。まさに、持てる能力を総動員した「生き残り英語」を実践してきたと言えます。「英語を学び、使う」とひと言で言っても、脳の「得意分野」によって、学習やアウトプットに適した方法は変わります。みなさんも、まずは「耳」か「目」、つまり「リスニング」か「リーディング」のどちらが得意かを考え、得意なことを中心に学習を始めてみるのはいかがでしょうか。

×

脳科学的に正しい

【英単語学習法】

単語を覚えるには
記憶系脳番地を刺激する

英語は、「好きな単語」から覚えよう

　脳の中には、単語を覚えたり言葉を使えるようになったりすると、枝ぶりが太くなる部分があります。具体的には脳の左側頭葉にある「下側頭回、紡錘状回」という部分で、ちょうど記憶系脳番地にあたります。この部分は、日本語の単語を覚えても、英単語を覚えても発達します。

　記憶系脳番地をうまく刺激して単語を覚えるには、コツがあります。それは、**自分が興味を持っているテリトリーから単語を覚えていくこと**です。

　記憶というのは、まず興味を持つことで"蔓"が伸び、そこからブドウの房が広がっていくようなイメージで増えていきます。そのため、最初は自分が高い関心を持っている分野の単語を覚えて"蔓"を伸ばし、その周辺に房を連ねていくように単語を増やしていくのが、**脳の仕組みに合った記憶法**ということになります。

英語での「体験記憶」が記憶力を高める

　単語記憶の"蔓"として見逃せないのは、実は「人の名前」

です。

　そして記憶の中でも特に脳に残りやすいのは「**エピソード記憶**」と呼ばれるもので、「誰と、いつ、何をしたか」といった体験は記憶に深く刻まれます。そして、これは多くの方が見落としがちなことなのですが、**エピソード記憶の核となるのは「誰が関わった体験か」**ということなのです。

　たとえば「Annaさんと一緒に遊園地に行った」「Annaさんが私にケーキを焼いてくれた」といった人物を介した**英語環境での体験**は強く記憶に残ります。このとき、記憶の"蔓"となるのはAnnaさんへの興味や関心であり、脳内ではAnnaさんの名前に紐づいて英語の記憶が刻まれます。

　つまり、Annaさんのことを思い出すと、英語のエピソード記憶が情景とともに思い浮かぶわけです。そのため、英語で他人とコミュニケーションするときは、常に相手の名前を意識することが大切だと言えます。

　このように、「エピソード記憶」を増やすことは、語彙力強化に大変効果的です。

　「人とのコミュニケーションで使われた単語は非常に覚えやすい」と言ってもいいでしょう。

　外国人の友人と出かけたり、メールをやりとりしたりするなど、人を核として「英語だけで行われる経験」をできるだけ多く積むことは、やはり効率的な学習法なのです。

In fact, she is
a chocoholic.
実は彼女はチョコ中毒
らしい

She likes
scary movies.
ホラー映画も好きらしい

She is good at
baking
chocolate cake.
チョコレートケーキが得意

We tried a
haunted attraction.
お化け屋敷に挑戦

She bakes cakes.
ケーキづくりが
趣味

We went to an
amusement park.
遊園地に行った

Anna
アナちゃん

We didn't try a
roller coaster.
ジェットコースターには
乗らなかった

She hates heights.
彼女は高い所が嫌い

「エピソード記憶」をつくると、記憶が連結するよ！

電子辞書を持って スーパーで買い物をする

漢字のイメージと一緒に英単語を覚える

　単語には、具体的にイメージしやすいものと、イメージしにくいものがあります。たとえばrose（バラ）と聞けばバラの花の様子をイメージできますが、compassion（思いやり）のような抽象的な言葉を聞いても、ビジュアルイメージは浮かびません。

　この違いは、単語の覚えやすさの差に直結します。**映像でイメージできるものほど、脳は記憶しやすい**のです。また、形がイメージできるだけでなく、色が伴うと、より覚えやすくなります。

　たとえばzebra（シマウマ）という単語を聞けば、白黒のシマウマをぱっとイメージできますから、こうした単語は記憶に残りやすいと言えます。

　一方、pentagon（五角形）などの幾何学図形を表す言葉の場合、形はイメージできますが、特定の色を伴ったイメージは浮かばないでしょう。このような単語は、色のイメージを伴うものと比べて脳への刺激がぐっと少なくなり、「なかなか覚えられない単語」ということになるのです。

　では、ビジュアルイメージをまったく伴わない単語をう

まく覚えるにはどうすればいいのでしょうか？

　私がお勧めしているのは、英単語を覚えるとき、**意味を漢字で考えてそのイメージを一緒に記憶する**ことです。

　アルファベットは表音文字なので、単語は「音」として記憶されます。英単語を覚えるときに刺激されるのは、脳の左側の部分です。

　一方、漢字は表意文字なので、「音」だけでなく「図形」も意味を表す役割を担っています。こうした目に見えるものを記憶する場合は、言葉とは逆の、右脳の側頭葉が刺激されます。漢字で単語を覚えるときは、**脳の左右の側頭葉が刺激**されるのです。

　つまり、compassionと「思いやり」という言葉を覚えるとき、「コンパッション」「思いやり」という音だけでは、脳への刺激に大きな差異はありません。しかし、「同情」という漢字だけの意味にして覚えると、脳への刺激がぐんと増すわけです。

　英単語の意味を覚えるときは、この特徴を応用しましょう。**英単語の意味に「漢字のビジュアルイメージ」を付与することで、記憶を強化する**のです。

　これは、漢字のような表意文字を使う私たちならではの単語学習法と言えます。日本人の強みと言えますから、ぜひ活用してみてください。

絵にしにくい単語は漢字で覚えよう！

😎 電子辞書を片手にスーパーで買い物をしてみよう

　ビジュアルイメージを伴うと単語は覚えやすくなるわけですから、**目に入ったものの名前をどんどん覚えていく**のはお勧めの単語学習方法です。

　たとえば、スーパーで買い物するときなどに電子辞書を持っていきましょう（スマホの辞書アプリでも可）。目に入ったものを、英語ではどう言うのか次々に調べていくと、ビジュアルイメージと一緒に覚えることができます。

スーパーで売られている商品の多くは、もともと自分が
よく知っているものばかりですから、それを英語にして覚
えるのは、「ライフスタイルに合わせた英語学習法」とい
う観点でも合理的です。

　右ページの単語をざっと眺めてみましょう。日本語で知
らないものは一つもないと思いますが、英語で言えるもの
はいくつありましたか？
「tofu」は、意外にも日本語のままです。
「spinach」「strong white bread flour」などは、何となく
わかりますね。
しかし、
「eggplant」
「cucumber」
「mackerel」
「cod」
「crisps」
などはいかがでしょうか？

　知らなければ、何のことかさっぱりわかりませんよね。
　このような日常生活の単語こそ、受験やテスト用の英語
ばかりやっていると、見落としてしまうものです。
「電子辞書を片手に出かける」のは、日本にいても、いつ
でもできる手軽な学習法です。ぜひ実践してみてください。

eggplant (aubergineとも) ナス	cucumber きゅうり	spinach ほうれん草	tofu 豆腐
chicken thigh 鳥のもも肉	lamb chop 羊肉の切り落とし	mackerel サバ	cod タラ
trout マス	herring ニシン	strong white bread flour (パン用)強力粉	crisps スナック菓子 (※主にイギリス)
plastic bag ビニール袋	still water 無発泡性 の飲料水	buckwheat noodle そば	sparkling water 炭酸水

身近なものと一緒に、脳を「英単語に慣らす」!

3 身の回りのものを 「英語化」して覚える

🌀 サッカー選手が、海外で活躍できる理由は?

サッカーや野球で有能な日本人選手の中には、海外のチームで活躍する人もめずらしくありません。

彼らはスポーツのプロとして日々精進してきた人たちですから、海外チームに入るまでは、語学の習得にさほど時間を割いてこなかったという人が大半ではないでしょうか。しかし多くの選手たちは、短期間でチームに馴染み、試合中には周囲とうまくコミュニケーションを取っている様子がうかがえます。

彼らが、スムーズに外国語でコミュニケーションできるようになるのは、どうしてなのでしょうか?

実は、これはそんなに不思議なことではありません。

というのも、彼らには、**自分の仕事であるサッカーや野球**という「明確なテリトリー」があるからです。そのテリトリーで頻出する語彙や表現を一通り覚えてしまえば、コミュニケーションに困ることはあまりないでしょう。

私自身も、かつて同じような経験をしています。

私の場合の「テリトリー」は、MRIの研究でした。27歳から再挑戦した英語の勉強が軌道に乗ったのは、MRIに関

■「テリトリー」の中の英単語とは？

例）サッカーの英語で考えてみよう！

英　語	意　味
shoot	シュート
header	ヘディング
pass	パス
offside	オフサイド
penalty	ペナルティキック
corner	コーナーキック
score a goal	ゴールを決める
coach	監督
one-null	1-0のスコア （null＝無得点の意味）
transfer	移籍
penalty shoot-out	PK戦

　サッカーの知識がある人は、これらの単語は難なく覚えられるでしょう。それは、これらの単語を「英語」としてでなく、「サッカー用語」として身についているからです。

　このような感覚で、自分にとって「身近な単語を英語化する」ことで、少しずつ英語の世界が広がっていくでしょう。

連する単語から身につけ、さらにその周辺の単語へと徐々に語彙を増やしていくことができたからだと思います。

「明確なテリトリー」は、何でもかまいません。たとえばサッカーが好きなら、63ページのようにまずはサッカーの解説に出てくる単語から攻略してみてはいかがでしょうか。

海外のサッカーの試合は私もよくテレビで見ますが、「どの選手が誰にパスを出したか」といった情景描写が続き、非常にわかりやすいものです。似たような単語が何度も出てきて、覚えやすいのもポイント。サッカーの話題なら、英語ですぐに話せるようになるでしょう。

慣れてきたら、「仕事に関わるテリトリー」や「複数の趣味のテリトリー」などにも対象を広げていきましょう。

✍ 「自分だけの単語帳」をつくる

このように、語彙を増やすときは、「**自分にとって使用頻度が高いもの、興味・感心があるもの**」から取り組むべきです。よく使う言葉は覚えやすいので、語彙力をスピーディーに高めるという観点からも、この方法は効果的です。

一方、お勧めできないのは、よくある「テストに頻出する語をABC順に覚えていく」やり方。この方法は、一見すると、重要な語彙を網羅しやすいように思えます。しかし、自分がほとんど使わない単語や必要性が薄い単語を無理に覚えても、記憶が定着しにくいばかりか、「実際に英語を使う場面」ではほとんど役に立たない可能性が高いでしょう。

■英語の語句は「自分に必要なもの」を最優先しよう

×アルファベット順に覚えると……

英　語	意　味
aback	be taken aback で、驚かされる
abacus	（教育用の）計算機
abaft	船尾に
abandon	（責任を負っているものを）見捨てる

　このように、辞書や単語帳に掲載されている順番に読んでいくと、日常的にはあまり使えない単語が多く、脳の負担も大きくなります。

「自分優先」の単語帳で学習しよう！

○料理好きなら、料理の英語

英　語	意　味
knife	ナイフ
1 tablespoon	大さじ1杯
microwave	電子レンジ
microwavable	電子レンジにかけられる （microwave+able）

○ビジネスパーソンならビジネスの英単語

英　語	意　味
appointment	アポイントメント
analyze	分析する
ROI	Return On Investment　投資収益率
TGIF	Thank God It's Friday!　今日はハナ金！

　「自分優先」で覚えると、「したい思考」に変わり、より単語が記憶に定着しやすくなります。

覚えるべき英単語は、人によって異なります。

　ビジネスパーソンなら、まずはビジネスの場で使う語彙を強化すべきでしょう。英語で料理の情報収集をしたいなら、まずは料理関連の単語を押さえなくてはなりません。学生なら、自分が学校生活の中で使う用語を覚え、実際に使ってみることが「使える語彙」を増やすことにつながります。

　まずは、みなさんが使いたいのはどんな単語かを考え、和英辞典などで調べて、「自分だけの単語帳」をつくってみてはいかがでしょうか。

✿ 単語は優先順序をつけて覚える

　単語の意味を覚えるときに、複数の意味を持つ単語はどうあつかうべきなのでしょうか？

　私がお勧めするのは、最初は「1単語1語義」で覚えることです。自分にとって最も使用頻度の高い意味を押さえることが重要であることは、言うまでもありません。自分が使うことがなさそうな意味なら、それを覚えても役には立たないでしょう。

　複数の意味を覚えるときも、序列は明確にすべきです。まず最もよく使いそうな意味を知り、次のステップとして、ほかの意味でもその単語を使ってみるのがいいでしょう。

■多義語の単語は、「自分が使う意味」だけを覚える

「appointment」の場合

No	意　味
①	会う約束、予約
②	人をある役職に任命すること
③	（任命する）役職
④	管財人の選定

　一般の人にとっては、①の「会う約束」を覚えれば OK です。病院などの「予約」をする意味でも使いますが、基本的には「会う約束」として覚えておいて問題ありません。

　②は政治・経済のニュースを読むなら覚えたい意味。

　③〜④は格式張った表現で、公職や大企業の役員など以外はあまり使いません。④の「管財人の選定」は法律用語なので、必要となった時に辞書を引く程度でよいでしょう。

「table」の場合

No	意　味
①	テーブル（家具）
②	同じテーブルに着席する人々のこと
③	ある事実や数字のリストのこと
④	同じ地位や競合の中にいるチーム、国、学校などの団体のこと

　家具としての意味が最も使用頻度が高いのは明白なので、初心者がまず覚えるべきは①の意味です。②〜④は、ニュース記事や数字、分析などでよく使われる意味で、①の意味を覚えてから順に覚えていくとよいでしょう。

4 「長い英単語」で記憶力を鍛える

☆ 「あえて覚える」が記憶系脳番地を刺激する

「文字数が多い単語は覚えるのが大変」と感じる方は少なくないでしょう。日常で使う言葉でも、egg（卵）なら3文字ですからそう難しくありませんが、refrigerator（冷蔵庫）のように12文字もアルファベットが並ぶと「覚えにくいな」と感じる人が多いはずです。脳の**ワーキングメモリー（一時的に覚える力）**から考えると、8文字以上の単語を覚えるのは、より記憶力を必要とするからです。

しかし、これは逆に言えば、文字数の多い単語を覚えることで記憶力が刺激されるということ。

長い単語を覚えられる人は、長い数字も覚えられます。ですから、長い単語を学ぶことは、記憶力を鍛えるという点ではうってつけなのです。

記憶力をよくしたいと思っている方はたくさんいると思いますが、**記憶系脳番地を意識して使うことで記憶力は高められる**のです。英語を勉強することで記憶力は高められるのです。「若い頃より記憶力が落ちた」という人も、日々、長い英単語を覚えていけば記憶力は伸ばせます。そのうち、覚えることが苦にならなくなるでしょう。

■身近な単語の中で、比較的長いものといえば？

単　語	意　味
appointment	会う約束
barbecue	バーベキュー
calculator	計算機
equipment	備品、設備、機材
fascinate	強く魅了される
generation	世代
hilarious	爆笑するほど面白い
intellectual	知的な
ridiculous	滑稽な
kindergarten	幼稚園
landscape	ランドスケープ、景色
magnetic	磁気の
negotiation	交渉
organization	機関、団体
photography	写真
qualification	資格
refrigerator	冷蔵庫
smartphone	スマートフォン
tambourine	タンバリン
unworkable	実現不可能な
vegetarian	ベジタリアン
warehouse	倉庫
xlylophone	木琴
yesterday	昨日
zookeeper	動物園の飼育係

「外国人の名前」を覚えて
単語の記憶力を鍛える

🧠 ハリウッドスターの名前を覚えてみよう

　人の名前を覚え、エピソード記憶を増やすことが単語学習に効果的であることは先にご説明しました。これは身近な人の名前を覚えるケースですが、語彙を増やそうとするときは、自分が好きな外国人の映画スターや歌手などの名前を覚えるのも効果的です。

　まず、**人名を覚えるという習慣を身につけることに意味があります。**というのも、コミュニケーションで最もよく使うのは相手の名前であり、外国人の名前をスムーズに覚えられるようになると、会話を弾ませやすくなるからです。できれば、一般的に使われる英語人名の短縮形についても意識的に覚えていきたいところ。たとえば第39代米国大統領のジミー・カーターの正式名はジェームズ・アール・カーター・ジュニアで、ジミーというのはジェームズの短縮形です。

　自分が好きな著名外国人の名前を覚えたら、その人の経歴やエピソードを英語で探して読み、出てくる単語のなかで自分が使えそうなものを覚えていきましょう。人名が"蔓（つる）"となり、スムーズに覚えられるはずです。

■歴代のアメリカ大統領の名前

スペル	日本語表記
George Washington	ジョージ・ワシントン
Abraham Lincoln	エイブラハム・リンカーン
Franklin Delano Roosevelt	フランクリン・D・ルーズベルト
John Fitzgerald Kennedy	ジョン・F・ケネディ
James Earl Carter, Jr.	ジェームズ・E・カーターJr.
George Herbert Walker Bush	ジョージ・H・W・ブッシュ
William Jefferson Clinton	ウィリアム・J・クリントン
George Walker Bush	ジョージ・W・ブッシュ
Barack Hussein Obama II	バラク・H・オバマ2世
Donald John Trump	ドナルド・J・トランプ
Joseph Robinette Biden Jr.	ジョセフ・R・バイデンJr.

■有名な俳優・映画監督の名前

スペル	日本語表記
Daniel Jacob Radcliffe	ダニエル・J・ラドクリフ
Hugh Michael Jackman	ヒュー・M・ジャックマン
Natalie Portman	ナタリー・ポートマン
Ingrid Bergman	イングリッド・バーグマン
Alfred Joseph Hitchcock	アルフレッド・J・ヒッチコック
George Lucas	ジョージ・ルーカス

■有名な作家や科学者の名前

スペル	日本語表記
Ernest Miller Hemingway	アーネスト・M・ヘミングウェイ
Issac Newton	アイザック・ニュートン
Erwin Rudolf Schrödinger	アーウィン・R・シュレーディンガー

「単語の書き取り」をして
運動記憶で覚える

🧠 運動系脳番地も刺激する、効率的な記憶法

中学生くらいの頃、学校の宿題で単語の書き取りをさせられたという人は多いでしょう。

「ただ単語を何度も書くことに意味があるのか」

「単語は文脈の中で覚えたほうがいいはず。単純な書き取りは時間の無駄ではないか」

大人になってから英語を学び直すとなると、こう考えて、単語の書き取りをやらない人も多いかもしれません。

しかし、実は単語の書き取りには効用があります。それは、**英単語を、より親しめるようになる**ということです。

英語を使う外国人にとって、ペンを持って英語を書くのはごく当たり前のことです。英語を学ぶ日本人も、彼らと同じようにペンを持って英語を書く時間を多く取れば、脳は英語との親密性を増すことができます。

また、書くという行為は運動記憶を刺激することにもなります。つまり、体で覚えられるということ。

みなさんにも実感があると思いますが、何度も書いて体に染みついた単語は、アルファベットの並べ方を考えなく

てもサラサラと書くことができます。これはまさに、体が覚えているから。自転車に乗るのと、理屈は一緒です。

このような状態になっていると、単語の綴り方に意識を向ける必要がなくなります。思考系脳番地を、ほかのことを考えるために使えるのです。つまり単語の書き取りは、**文の中身や構文などに意識を集中させて英文を書くための準備**として重要なのだと言ってもいいでしょう。

ゆくゆくはライティング力を強化するためにも、単語を覚える際は書き取りを取り入れることをお勧めします。

書き取りで、「目」と「手」で覚える！

「インプット方法」を決めて 集中的に単語を覚える

㉞ 「視覚系」か「聴覚系」かを意識する

英語がとても得意だった同級生のCさんが、幼少期から聴覚系脳番地を鍛える機会が多かったというエピソードを先に紹介しました。

一方の私は、視覚系脳番地に頼って勉強することが多かったのです。

「聴覚系」と**「視覚系」**は、人によってどちらが得意か分かれます。「自分はどちらが得意なのか」を意識すると、単語学習の方法も自分に合ったものを見つけやすくなります。

ピンと来ない方のために、具体的に私がどのような勉強法を得意としていたのかを少しご紹介したいと思います。

記憶力には、大きく分けて、言葉に関わる**「聴覚系記憶力」**と、ビジュアルに関わる**「視覚系記憶力」**があります。

私が英単語を覚えるときに使っていたのは、視覚系記憶力です。試験の前には、覚えなくてはならない単語を書き出し、それを目でしっかり見て暗記していました。文字の形を記憶に焼き付けておいて、試験のときはその映像を思い浮かべながら書くわけです。

■あなたは「視覚系」、それとも「聴覚系」?

●「視覚系」が強い人の特徴
- ✓ スポーツやゲームが好き
- ✓ ものを観察するのが得意
- ✓ 自然の中で過ごすのが好き
- ✓ 文字や数字を、映像でとらえる

映像記憶型の学習法がオススメ!

例) ①英文の多読　②単語の書き取り
　　③絵や写真のある教材での勉強など

●「聴覚系」が強い人の特徴
- ✓ 子供の頃、音楽を習っていた
- ✓ 人の話を聞くのが好き
- ✓ 音楽を聞いていないと落ち着かない
- ✓ 文字や数字を、口ずさんで覚える

聴覚記憶型の学習法がオススメ!

例) ①英会話の練習　②英語の音楽、ラジオを聞く
　　③音声のある教材での勉強など

本来、語学は「言葉」を覚えるものですから、聴覚で覚えるのが苦手なのは致命的なのですが、このように視覚をうまく使うことである程度は補うことができました。

　一方で、聴覚系が発達している人には、この方法はあまりお勧めできません。単語を覚えるなら、耳から音が入るよう、自分でブツブツ繰り返し発音してみるほうが、ずっと効果が高いでしょう。

✿ 女性は聴覚系が多く、男性は視覚系が多い

　試験前のように、効率的にたくさんの単語を覚えなくてはならない場面では、自分がどちらを得意とするのかを知っておくことが役立ちます。視覚系の人は、単語を読むことに時間を割くより、紙に書いて眺めることに力を注いだほうがいいわけです。

　一般には、**女性は聴覚系が強いケースが多い**ようです。女性のうち、「聴覚系記憶に強い」という人はだいたい8割くらいを占めます。一方、男性は女性よりは視覚系に強い人の割合が多く、6割は聴覚系記憶が得意で、残りの4割程度は、どちらかといえば視覚系記憶を得意としているようです。

　さて、みなさんは「視覚系」「聴覚系」のどちらでしょうか？　自分が得意なほうを見極めて、英語の習得にも活かしていきましょう。

8 英単語は「付随情報」と一緒に覚える

理解系脳番地を使って「意味記憶」で覚える

記憶には、「意味記憶」と「無意味記憶」があります。

たとえば「トシノリ」という音には、私の名前という意味があります。しかし、これが逆から読んで「リノシト」という音になると、そこには何の意味もありません。

小学生くらいの子どもの脳は、無意味な音でもすぐに覚えてしまいます。しかし、年を重ねると無意味記憶は覚えにくくなるものです。大人の場合は特に、意味を伴っていることが記憶を強くするために重要なポイントだからです。**単語は、付随する情報量が多いほど定着しやすくなる**、と言ってもいいでしょう。興味がある単語が覚えやすいのは、付随する情報量がほかの単語より多いためとも言えます。

ですから単語を覚える際も、ただ単語だけ覚えようとするのは得策ではありません。**どのような場面で使われるのか**などの情報があるほうが、記憶が定着しやすくなります。

単語を覚える際は、まず文脈の中で位置付け、文章の中で覚えるようにするのが効果的です。

運動系脳番地で「使える英語」を身につける

😊「覚えた単語が出てこない」理由とは

単語をたくさん覚えたつもりなのに、いざ英語を話そうとすると言葉が出てこない——みなさんには、こんな経験はありませんか？

このような現象が起きるのは、単語をただ覚えるだけで、「使える」単語にするプロセスを踏んでいないことに原因があります。

脳の仕組みから考えると、言葉を覚えるときに使われるのは側頭葉にある記憶系脳番地です。

しかし、単語を使おうとする（話す、書く）ときには、「言葉を操作する」ことが必要になるため、**前頭葉にある運動系脳番地と思考系脳番地**を結ぶ部分を働かせることが必要になります。

つまり、「知る」のと「使う」のとでは、脳の中で働く部分が異なるのです。ただ丸暗記しただけの単語は、「知る」どまりで、「使う」ことができる状態にはなっていません。

では、「使える英単語」を増やすには、どうすればいいのでしょうか？

🧠 運動系記憶を使って覚える

ヒントは、英単語を使うときに働く脳番地にあります。

英単語を使うときは、**運動系脳番地**と**思考系脳番地**を使って言語を「操作」するわけですから、これを単語学習のときに意識的に取り入れればよいわけです。

たとえば、覚えたい単語を使って日記を書いてみたり、人に話しかけたりすると、脳がその単語を使った「操作」をすることになります。

英語学習歴が短く、「英文を書いたり会話をしたりするのはハードルが高い」という場合は、**知っている英文の中の単語を覚えたいものに置き換える**ことから始めてみます。

例）「smart　賢い」を覚えたいときは……

Boys, be ambitious.　（少年よ大志を抱け）
→Boys, be smart.　（君たち、賢くなりなさい）

あるいは、「この英単語を使ってどんな文章がつくれそうか」と考えてみるだけでも、効果はあります。

このような「操作」を行うと、記憶系脳番地にただ置かれていた単語が、ほかの脳番地で働けるようになります。そして、**「操作」をした回数の数だけ、その単語は脳と親密になっていく**のです。

繰り返しますが、「操作」を行うことなく、覚えた単語が「使える単語」になることはありません。単語学習においては必ず「実際に使ってみる」ことを徹底しましょう。

10 「何でも記憶するクセ」で 単語の暗記力を高める

🧠 「無意味記憶」で覚えるクセをつける

　歳を取ると、記憶力は衰えがちです。

「若い頃は記憶力に自信があったのに、最近は全然ダメだ」

「英語の勉強をしてみたら、学生時代より単語を覚える力が落ちていて驚いた」

　そんな実感を持っている方は少なくないでしょう。英語学習に限らず、何か新しいことを学ぶ際は、記憶力が高いほうが望ましいことは言うまでもありません。しかし、「記憶力に自信がないから、今さら英語なんて覚えられない」とあきらめているとしたら、もったいないことです。

　年を取っていたとしても、記憶力を強化する方法はあります。しかも、とてもシンプルで誰でも実践できる方法です。

　それは、「何でも記憶する習慣」を身につけること。

　先ほど、大人になると意味記憶に頼る傾向が強くなることをご説明しました。記憶を強くするという点では、情報により多くの意味付けをすることが有効ですが、暗記力を伸ばすなら、掛け算の九九のような覚え方をする「無意味記憶」を鍛えるのが効果的です。

　ものを覚える習慣をつければ、脳の記憶力強化は何歳になっても可能です。

好きな英文を暗唱してみる

　では、無意味記憶を鍛えるために、具体的には何を覚えればよいでしょうか？

　原則として、丸暗記するものは何でもかまいません。学生時代に学んだ古文の有名な一節を暗唱したり、長い数字を覚えたりすれば、記憶の回路は強化されます。

　以前、私がMRIで脳画像を診断した大学教授は、ラテン語を暗記する習慣があるというだけあって、高齢にも関わらず記憶系脳番地が非常によく発達していました。

　このような脳をつくることができれば、年齢を問わず英単語でも数字でも、暗記をするのは得意になります。

　とは言え、せっかく英語を学ぶのですから、記憶力強化にもぜひ英語を取り入れましょう。英語学習をしながら強化するなら、好きな洋楽の歌詞や、シェイクスピアなど有名文学の台詞などを暗記してみてもいいでしょう。

　特に中年期以降、記憶力の衰えが感じられる人は、英語学習のプログラムに英文の暗唱を組み込むことをお勧めします。

(column 2)

「数字」の表現を覚えよう

「語彙を増やさなければ」と考えると、真面目な人ほど、難しい単語に手をつけがちなのではないでしょうか。

本章では、「英語を使えるようになりたいなら、自分が使う単語を覚えなければ意味がない」ということを繰り返し説明してきましたが、実は「誰でもよく使うのに見落とされがちなもの」があります。それは、数字です。

生活の中でもビジネスシーンでも、数字を扱わずに生きていくことはできません。ところが、難しい単語は知っていても、さまざまな場面で必要になる数字の表現をよく知らないという日本人は少なくないのです。

たとえば、桁数の多い数字をすぐ英語で言えるでしょうか？　クレジットカードの番号を聞かれたら、どのように発音しますか？　あるいは、相手が電話番号を教えてくれたら、一発でメモできるでしょうか？　こうしたとき、ネイティブはよく「0（ゼロ）」を「オー」と発音したり、「11」などの重複する数字を「ダブルワン」と言ったりします。

数字が「聞けて」「言えて」「わかる」のは、スムーズなコミュニケーションには欠かせません。さらに言えば、「mile（マイル）」「pond（ポンド）」といった単位も、知っておく必要があります。使うあてのない単語より、「数字」表現を十分に学ぶほうが、実生活で役立つはずです。

脳科学的に正しい

【リスニング学習法】

リスニングの力は
聴覚系脳番地で伸ばす

「聞いた言葉がわかる」メカニズムを理解しよう

　私たちは、日本語を聞くとその意味を瞬時に理解することができます。しかし、赤ちゃんは話しかけられても言葉の意味を理解することができません。

「言葉が音として聞こえる」状態から**「聞いて言葉の中身が理解できる」**状態になるまでには、脳に大きな変化が起きています。その仕組みを知ることは、「英語を聞いて理解できる」状態を目指す上で、大いに参考になるはずです。

　そこでまず、赤ちゃんが言語を獲得するメカニズムについて見ておきましょう。

　29ページの画像をもう一度見てください。

　赤ちゃんは、生後、脳の重量を増やし、枝ぶりを伸ばしながら成長します。生後4〜8カ月の脳は、出生直後と比べて60%以上も重さが増えるほど、進化は非常に活発です。

　聴覚について言えば、生まれたばかりの赤ちゃんは、音を聞くことしかできません。しかし、いろいろな音を聞いて刺激を受けることで、まず側頭葉の上に位置する部分の枝ぶりが伸びていくことがMRI画像から確認できます。

　生後4カ月の時点では、まだほとんど言語を理解するこ

とはできませんが、さらにルートが発達し、**側頭葉の内側、下側にも枝ぶりが伸びて理解系脳番地につながると、日本語の意味を理解するルートができます**。そしてこのルートが成長を続け、記憶系脳番地までたどり着くと、言語を覚えやすくなり、言葉の習得が一層進みます。

側頭葉の内側や下側のルートは、日本語を聞いて育った場合、日本語用のルートになります。言語を理解するためのルートとはいえ、英語はこのルートを通れません。

たとえていえば、日本語用のルートをJRのレールだとすると、英語のルートはモノレールのレールのようなものです。JRのレール上を走る電車は、モノレールのレールの上を走ることはできません。

では、英語を聞いて理解できるようになるにはどうすればいいのかというと、日本語でも英語でも使う**理解系脳番地につながる「英語用のレール」**をつくればいいのです。

「訳さず聞ける」リスニング力の育て方

続いて、英語が「聞いてわかる」とはどういう状態のことなのかを考えてみましょう。

たとえば、languageという単語を聞いたとき、英語を勉強したての人なら「language＝言語」とわかるでしょう。しかしこの状態では、まだ「英語を聞いてわかる」ところ

まで到達しているとは言えません。

「聞いてわかる」というのは、languageという音を聞いたときに、日本語の「言語」や「言葉」といった単語を介することなく、その意味を想起できる状態のことを言います。逆に言えば、日本語に置き換えて理解しているうちは、本当に英語を聞いてわかっているとは言えないのです。

では、どうすれば「日本語に置き換えずに理解する」ところまでたどり着けるのでしょうか。

脳の発達過程にそって説明すると、languageという単語が耳に届いたら、そのまま理解系脳番地に到達するようになることが必要です。先ほどご説明した「英語のレール」ができればいい、ということですね。

「英語のレール」をつくるためには、やはり一定量の英語を聞く必要があるでしょう。

私がアメリカに渡ったとき、最初は"Which"と聞けば「どっち？」、"How"と聞けば「どれくらい？」、"Where"と聞けば「どこ？」というように、常に英語を日本語に置き換えて意味を考え、理解していました。

しかし、日々アメリカで生活するうちに、"Where"と聞くと自然にあたりを見回すようになっていたのです。

このように、「日本語に置き換えて意味を考える」というステップを経ることなく、「聞いた瞬間に自然に動作す

・英語ができない人のアタマ

走れない

日本語

英語

・英語を和訳して聞き取る人のアタマ

時間かかる…

日本語

英語

乗りかえ

・英語ができる人のアタマ

スィー

日本語

スィー

英語

最短距離の学習法は、「英語だけのレール」を使うこと!

る」ことができるようになるのは、耳で聞いた音がそのまま理解系脳番地に到達するルートができ、まさに「聞いてわかる」状態になったからです。

「聞いてわかる」ようになると、英語のリスニングに対して特別な意識を向けなくてすむので、英語でのコミュニケーションに苦痛を感じなくなります。

また、それまでは意識を集中しなければただの音にしか聞こえなかった英語が、耳に入っただけで意味がわかるようになります。

たとえばカフェなどに行ったとき、隣の席に座った外国人の会話の中身が自然に耳に入るようになったら、「英語のレール」ができてきた証しだと言えるでしょう。

「言葉のレール」を敷く記憶系脳番地は、大人の脳でも枝ぶりを伸ばせる場所です。

そのため、「英語用のレール」をつくることは大人になっても十分に可能です。「リスニングが苦手だ」という方も、リスニングのトレーニングを毎日続けることで、聴覚系と理解系の脳番地の結びつきを強くすることができます。

そのためには、単語と同様に身近な話題の音声を聞くと、理解系脳番地が働きやすいのでお勧めです。

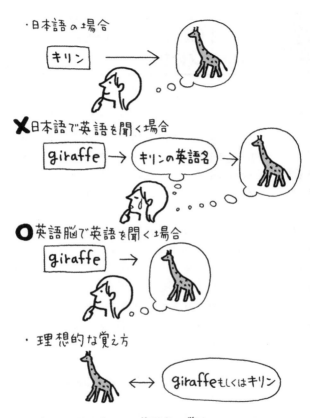

・日本語の場合

キリン →

✕ 日本語で英語を聞く場合

giraffe → キリンの英語名 →

○ 英語脳で英語を聞く場合

giraffe →

・理想的な覚え方

←→ giraffe もしくは キリン

キリンの別名として英単語を覚えるイメージ

英語と区別せず「別名」として覚えよう!

「教材CD」以外の英語で ホンモノのリスニング力をつける

リアル・イングリッシュについていくためには？

リスニングのトレーニングを熱心にやっている方の中には、「一生懸命、教材のCDを聞き込んでいるのに、外国人と会話する場面になるとうまく聞き取りができない」と悩んでいる人もいるのではないかと思います。

英語が聞き取れるようになるには、確かに、たくさんリスニングをすることが必要です。しかし、どのような素材を使ってトレーニングするかによって、成果に大きな違いが出るということにも注意を払うべきでしょう。

日本人が学校教育でリスニングをするときは、教科書や参考書などを外国人が読み上げた音声を聞くことが多いのではないかと思います。

また、自分で英語学習をしているという人の場合、ラジオなどを使い、教材を見ながら英語を聞くというケースも少なくないでしょう。

このようにして行うリスニングは、聞く内容があらかじめわかっています。

また、音声は標準的とされる発音で話す英米人のもので、

ものによってはナチュラルスピードよりもかなりゆっくり読み上げているケースもあります。

🧠 「いろいろな英語」を聞くことで「英語の耳」ができる

ここで問題になるのは、**実際に外国人と会話する場面では、同様の条件が整っているわけではない**ということです。

まず、会話というのは何の話題が出てくるか、事前の予測が難しいものです。ビジネスシーンや「買い物」「切符を買う」といった特定の場面ならまだしも、日常会話となれば、どんな会話に発展するか事前に知るすべはありません。

また、英語を話す外国人は英米人に限りません。英語は世界中で使われており、ひとくちに「英語」と言っても発音やイントネーションにはさまざまな違いがあります。

これから英語を学び直そうとしている方の中には、ビジネスシーンで必要に迫られているという方も多いと思いますが、ビジネスで関わる相手の出身国・地域は多様なはずで、英米人のゆっくりした英語だけを聞き取れるようになっても、実用性に問題があるでしょう。

ですから、リスニングのトレーニングでは「さまざまな英語を意識的に聞く」ことが欠かせません。

今はインターネットの動画などを利用すれば、さまざまな英語音声を聞くことができます。教材のCDだけでトレーニングせず、幅広い英語を聞いて本物の「英語の耳」を手に入れましょう。

3 「英語三昧デー」で 日本語から離れる

「英語の耳づくり」は、日本語が邪魔をする

　リスニングについては、私自身、頑張ってトレーニングしてきました。

　先にご説明したとおり、英語を耳から理解できるようになるには、耳を英語に慣らし、脳の中に「英語のルート」をつくることが必要です。そのため、とにかく英語を聞く時間を確保することが欠かせません。

　しかし、ただ英語をたくさん聞けばよいのかというと、これは少し効率が悪いように思います。実際、私は英語を耳に慣れさせるため、ジョギングをしながら英語を聞いたりもしましたが、急速なリスニング力アップは実感できませんでした。

　そこで私が実行したのは、**できるだけ日本人に会わず、英語だけで生活する環境をつくる**ことです。これを1週間続けてみたところ、英語を聞き取る力が明確に伸びました。

　アメリカで生活しているときのことを振り返ると、英語のリスニング力が伸びたのは、家族が日本に帰っていて自分1人で生活しているときでした。

　どうしてこのようなことが起きるのかというと、それは、脳の中の英語と日本語のネットワークが異なるからです。英語でリスニングをしているときに、途中で日本語のネットワークを使うと、どうしても脳は、慣れている日本語のネットワークを使うほうに戻されてしまいます。

　英語のリスニングをできるだけたくさんやることも大切ですが、このようなネットワークの混線を防ぐには、「英語だけ」を聞く時間を長く取ることが必要です。特に、短期間で効率よくリスニング力を上げたいなら、**日本語を排除して英語漬けになる**のが理想的な学習法ということになります。

1日まるごと英語で過ごしてみよう

　英語漬けになれといわれても、「日本語をシャットアウトするのは難しい」と感じる方が多いかもしれません。しかし、工夫次第でそういった時間を取ることは可能です。

　確実なのは、**1人で英語圏に旅行に行く**ことです。その間、日本語を話さないのはもちろん、インターネットの動画や音楽プレーヤーなどで日本語を聞くことや、日本語を読むこともしないのがポイントです。

　このような環境に身を置けば、常に英語に耳を傾けることになります。すると、脳の中では英語の音に注意を向ける能力が開発されていきます。

海外旅行に行く時間が取れないなら、1日まるごと英語で過ごす「英語三昧デー」をつくってみましょう。

「英語三昧デー」には、まず、**内容をよく知っている英文の音声を何度も聞くトレーニング**をしましょう。暗記するつもりで、繰り返し聞いてください。すると、英語の音声に脳が馴染んできます。

1日中同じ音声を聞いていては飽きてしまいますから、トレーニングの合間には、ラジオやテレビなどで何か別の英語コンテンツを流しておきましょう。

また、「英語三昧デー」には、PCやタブレット、スマートフォンを使うときも、表示するメニューなどを英語にし、検索サイトで何か調べるときも英語に限定します。とにかく日本語をできるだけ遠ざけるよう、心がけてください。

こうした方法は、最初はつらいと感じるかもしれません。おそらく「もう止めたい」と思うでしょう。これは、脳が英語に馴染んでいないからです。

しかし、ここを乗り越えなければ、英語を聞き取れるようにはなりません。

最初は1時間から始めてもいいと思います。まずは、一定時間日本語を排除し、英語にどっぷり漬かる時間を設けることからスタートしてみましょう。

部屋を英語一色にすると効果的！

「英語三昧デー」には
好きな洋画を何回も見る

🦻 洋画がリスニング教材に向く理由

リスニングの教材には、洋画を活用するのがお勧めです。

洋画鑑賞のメリットはいくつも挙げられますが、先にご説明した**「多様な英語を聞く」という観点で、非常に優れている方法です。**映画には、さまざまな国・地域の人が登場しますし、シチュエーションも多様です。また、当然、会話の速度はナチュラルスピード。英語教材についてくるCDなどの音源より、「多様な英語を聞く」という点で、実践的なリスニング力が身につきます。

また、DVDやブルーレイで観賞していれば、もしも聞き取りにくいところがあったとき、少し戻して聞き直したり、スロー再生してみたりすることもできます。

学習素材として、洋画はうってつけだと言えるでしょう。

🦻 理解系脳番地が使えるから、
　　学習効果が上がる！

洋画をお勧めする理由はほかにもあります。私が脳科学の観点から重視しているのは、理解系脳番地を使ったリスニングができることです。

　理解系脳番地を使うリスニングとは、言い換えれば、「**見るリスニング**」です。

　実際のコミュニケーションの場面では、電話やメールなどの通信手段を使う場合を除けば、**リスニングには「相手を見ること」**が含まれます。

　会話で得られる情報は、相手の発言内容だけではありません。会話する相手の表情や身振り手振り、言葉のトーンなどは、意思疎通を図るうえでは非常に重要な要素です。

　たとえば、英語の"Hey, you!"という表現。同じ"Hey, you!"でも、発言者や場面、トーンなどによって意味は変わります。友人同士で気軽な雰囲気で使われることもあれば、相手を騙そうとしていることがにじみ出ているときもあるのです。

　「英語を聞いて理解する」ということは、正しく一言一句を聞き取れればよいというものではありません。

　人とコミュニケーションすることが目的なのですから、「その発言が何を意味しているか」を、ニュアンスも含めて理解できることが必要になります。

　この点、**映画なら、音声だけでなく、登場する人物の表情やジェスチャーなども見ること**ができます。場面によって、どんなトーンでその言葉が使われているのかを考えてみるトレーニングにもなるでしょう。

　よく「中学3年生の英語力でも、英会話は十分にできる」

と言われます。

　それは、シンプルな表現でも、言い方やシチュエーションなどによって多様な意味になることを知っていれば、難しい構文を知らなくても、会話の幅を広げられるからです。たとえば、"I'm sorry." のひと言も、謝るときだけでなく、「大変だったね」とお悔やみを言ったり共感を示したりするときなど、多くの場面で使えるのです。

　みなさんもぜひ、「見るリスニング」を意識しながら、映画を使って幅広い英語に触れてみてください。

聴覚系＋視覚系で、言葉のニュアンスまで理解しよう！

洋画を見るときは
まず日本語で見る

洋画は、先に日本語で内容を理解しておく

英語のリスニングに自信がない人は、洋画でリスニングのトレーニングをする際、**先に日本語で観ておいて、内容を理解してから英語で観賞する**ことをお勧めします。

1回目に観るときは、日本語の吹き替えでも、字幕でも、どちらでもかまいませんから、まずはストーリーを把握してしまいましょう。2回目は、英語の字幕がある場合は、英語字幕を表示して見てもいいと思います。3回目からは、英語の字幕も消し、英語の音声だけにして観賞してみてください。

映画にエンターテインメント性があると言っても、どんなストーリー展開なのかを把握できずに映画を観るのは、ストレスがたまってしまうものです。

この点、先に日本語で内容をつかんでおけば、英語の音声だけで観賞したときに「ここの場面ではこんな感じのセリフを言っていたな」ということがわかるので、ストレスを感じることなく観賞し続けることができます。

また、事前にストーリー展開がわかっていれば、物語を

追うことに集中しなくてすみ、より細部の言語表現に意識を向けて映画を見ることができます。これは、英語学習という観点ではメリットの一つと言っていいでしょう。

✿ セリフの意味がわからなくても、脳は鍛えられる

英語で観賞する際、セリフがよくわからなくても、あまり気にする必要はありません。

映像を見ながら一生懸命「どんなことを言っているのかな」と考えることは、脳の理解系脳番地を働かせることになり、枝ぶりを伸ばすことができるからです。

そして、理解系脳番地の発達は、英語だけでなく「言葉を理解する力」を伸ばすことにつながります。

先にもご説明しましたが、コミュニケーションで重要なのは、相手の発言を正確に聞き取ることだけではありません。相手が全身で発するメッセージをとらえてこそ、コミュニケーションが成立するのです。

うまく英語が聞き取れないときは、表情や声のトーンなどに集中してみましょう。きっと「こんなニュアンスのことを言っているに違いない」と感じ取れるようになるはずです。そして、その力は、実際に外国人と会話するときにも大いに役立つでしょう。

「聞き取れる」だけでなく、「状況から理解する」ことも、立派なリスニング力と言えるのです。

■脳科学的に正しい、洋画で英語力を高める方法

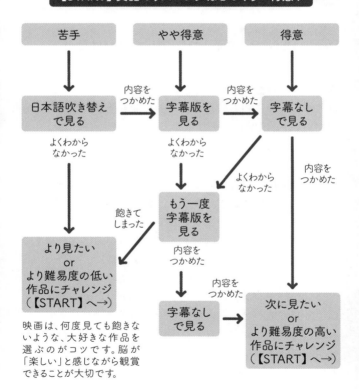

【START】英語のリスニングはどのくらい得意？

苦手 → 日本語吹き替えで見る

やや得意 → 字幕版を見る

得意 → 字幕なしで見る

日本語吹き替えで見る → よくわからなかった → より見たい or より難易度の低い作品にチャレンジ（【START】へ→）

字幕版を見る（内容をつかめた） → 字幕なしで見る（内容をつかめた） → 次に見たい or より難易度の高い作品にチャレンジ（【START】へ→）

字幕版を見る → よくわからなかった → もう一度字幕版を見る

字幕なしで見る → よくわからなかった → もう一度字幕版を見る

もう一度字幕版を見る → 内容をつかめた → 字幕なしで見る → 内容をつかめた → 次に見たい or より難易度の高い作品にチャレンジ（【START】へ→）

もう一度字幕版を見る → 飽きてしまった → より見たい or より難易度の低い作品にチャレンジ（【START】へ→）

字幕なしで見る → 内容をつかめた → 次に見たい or より難易度の高い作品にチャレンジ（【START】へ→）

映画は、何度見ても飽きないような、大好きな作品を選ぶのがコツです。脳が「楽しい」と感じながら観賞できることが大切です。

「好きな映画・ドラマ」を徹底して見る

「つまらない映画」で勉強してはいけない

リスニング教材の映画やドラマなどを選ぶ際、最も重視すべきは「**自分が面白いか、好きになれるか**」です。

「勉強のために観るのだから、少しでも仕事に関係あるものがいい」「出題されそうな単語が出る映画にしよう」などと考える人もいるかもしれませんが、脳科学の観点では、「面白い」「もっと見たい」と思えるほうが重要なのです。

人間の脳は、興味のある情報に対しては、伝達系脳番地が非常によく働きます。つまり、脳が「聞きたい状態」「自分から情報を取りにいこうとしている状態」になる、ということです。そうなれば、リスニング力が強化されやすく、また実際に聞き取れる情報も増えます。特に、物語の内容や感想を友人の外国人と話したり、英語のメールを送るイメージを持ちながら映画を見ると、英語のための聴覚系と伝達系脳番地がどんどん成長しやすい状態になります。

逆に「あまり面白くない」映画では、リスニングのトレーニング効率は落ちてしまいます。自分が楽しめるもの、夢中になれる映画を見つけ、それを誰かに英語で説明したいと考えることが、リスニング力アップのコツなのです。

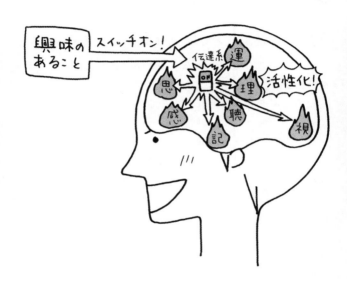

「興味」こそ最高の学習教材！

ディクテーショントレーニングで
聴覚系脳番地を活性化する

「書き取る」ことで聴覚の集中力を高められる

リスニング力強化のために、ぜひ取り入れたいのが**ディクテーショントレーニング**です。ディクテーションとは、英語の音声を聞き、それを正しく書き取ることを言います。

ディクテーションに取り組んでいるとき、脳の中では聴覚系脳番地がよく働きます。これは、「正しく書き取らなければならない、書き取りたい」という目的を持つことで、「しっかり聞き取ろう」というモチベーションが生じるからです。

また、ディクテーションをやってみると、「何が聞き取れているか」「聞き取りが苦手なのはどんなところか」が明確になります。苦手なものを繰り返し聞くようにすれば、弱みの克服にもつながるでしょう。

ディクテーションをする際、最も重要なのは「**聞き取ろう」というモチベーションをアップすること。**ですから、鉛筆やペンでノートに英文を手書きするのでも、パソコンを使ってタイピングするのでもかまいません。自分がやりやすい方法で、少しずつ英語学習に取り入れましょう。

ディクテーショントレーニング

①音声を聞く

> Once upon a time, there lived 〜

↙ ↘

②-A 英語を手書きで使う人　②-B 英語をパソコンで使う人

さらさら

Once upon

カタカタ

Once up

慣れないうちは、好きな映画・テレビ・ラジオの番組などで！

私のリスニング強化策

　MRIの研究のために渡米した頃、私のリスニング力はまだ十分ではありませんでした。英語で論文を書いたりプレゼンテーションしたりしていましたが、実際に外国人とコミュニケーションをする機会が少なく、日常会話もさほど経験していなかったので、渡米直後は苦労したものです。

　リスニング力アップのために、私はできるだけ日本語を話さないようにしていました。家族と一緒に渡米したので難しい部分もあったのですが、家では「Xファイル」などの人気ドラマを繰り返し見て、リスニング力を鍛えました。ドラマやトーク番組の視聴は、アメリカ文化について知るだけでなく、カジュアルな会話の間合いや雰囲気のつくり方、相槌の打ち方に役立ったと思います。

　もう一つ、私が心がけていたのは、問題が起きたときに自分で解決することです。たとえば当時、営業電話がよくかかってきたのですが、すぐに切らず、あえて付き合うようにしました。こうした電話は、いい加減に返事してしまうと、トラブルになりかねません。緊張感を持って相手の言葉に耳を傾けることで、リスニング力が強化できました。

　リスニング力を鍛えるコツの一つは、「真剣に相手の話を聞く機会」を多くつくることです。リスニングに取り組む際は、「真剣に聞く機会」を持てているか意識してください。

脳科学的に正しい

【スピーキング学習法】

スピーキングは、運動系脳番地を鍛えよう！

🗣️ 「声に出して話す」が基本

日本人は、英語を使う場面の中でも特にスピーキングが苦手だという人が多いように思います。

中学や高校の英語の授業は、かつてはリーディングやライティングが中心で、スピーキングに取り組む機会があまりなかったことが影響しているのかもしれません。「読み書きだけなら何とかなるけれど、スピーキングは自信がない」という人は、少なくないのではないでしょうか。

しかし、苦手意識を持つ必要はありません。スピーキングも、脳の仕組みに基づいてトレーニングすれば必ず克服できます。**スピーキングの上達には、運動系脳番地のトレーニングが欠かせません。**

前頭葉に位置する運動系脳番地の中は、ちょうど頭のてっぺんのあたりから、「足を動かすエリア」や「手を動かすエリア」「顔を動かすエリア」の順に、ヘアバンドのように左右に伸びています。そして、顔を動かすエリアの中に「舌や口、咽頭を動かすエリア」もあります。

言葉を話すときは、これらの部分を使い、口や舌などの筋肉を動かすことが必要です。

　たとえばmotherという単語を想起したとき、それに応じて運動系脳番地が働き、筋肉が連動して、初めて"mother"と口に出せるわけです。

　このことからわかるのは、スピーキングが苦手な人が英語を話すためには、まず運動系脳番地を働かせ、筋肉をうまく使えるようにトレーニングする必要があるということです。口や舌を柔軟に動かせないのは筋肉の動きだけでなく、口や舌を動かす運動系脳番地が未熟なためなのです。

　スピーキングというと「会話の例文をたくさん覚えよう」と考えると思いますが、ただ頭で覚えようとするのではなく、きちんと口を動かし、声に出してトレーニングしなくては、いつまでたっても運動系脳番地は育たないのです。

「素振り」感覚でスピーキングしよう！

Speak English!

口の動きも運動系脳番地を使うよ！

日本語のスピーチ練習で
英会話の下地をつくる

日本語で話すことも、スピーキング練習になる

スピーキングには、**聴覚系脳番地と伝達系脳番地がうまくつながっていることが必要です**。このルートは「フォノロジカルループ(phonological loop)」と呼ばれており、これをうまく育てることは、スピーキング力の向上には欠かせないと考えなくてはなりません。

では、聴覚系脳番地と伝達系脳番地をうまくつなげるには、どうすればよいのでしょうか?

実は、フォノロジカルループは、英語で話すときも日本語で話すときも同じように使われます。ここに、スピーキング力向上のヒントが隠されています。

さて、みなさんの中には「英会話どころか、そもそも口下手で人と話すのが苦手」という人はいませんか?

このような人は、**フォノロジカルループが弱い可能性がある**と言えます。

この場合、いくら「英語で話したい」と思って英語を勉強しても、なかなかスムーズに話せるようにならないでしょう。

　これは、簡単に言うと「**日本語で口下手な人が、英語で流暢に話せるようにはなれない**」ということです。

🧠 日本語で1日5分のスピーチ練習をしよう！

　しかし、「話し下手だと、英語もうまく話せるようになれないのか……」と落ち込む必要はありません。これを機に、フォノロジカルループを鍛えればよいのです。

　このトレーニングは、日本語でOKです。**日本語で話し上手になる**ことを目指せば、フォノロジカルループを強くし、自ずと英語で話すための下地も整うからです。

　お勧めは、人前で5分間スピーチをすることです。内容は自己紹介などから始めてもいいでしょう。もちろん最初から人前でスピーチするのはハードルが高いでしょうから、まずは毎日5分間、一人でスピーチ練習などを始めてみてください。

　家族と一緒に暮らしている方なら、**1日一つ、話題を決めてスピーチ**をし、家族にそれを聞いてもらうのもよいと思います。

　あるいは、**落語を覚えて演じてみる**のもいいでしょう。落語は声の出し方や話の間合いの取り方、セリフの表現など、話術のかたまりのようなものですから、話し下手な人がチャレンジすると学べることが多いはずです。

遊び感覚の練習で
伝達系脳番地を鍛える

しりとりや逆読みなど「言語の操作」をする

　スピーキング力を高めるためには、伝達系脳番地のトレーニングが有効ですから、英語学習の合間にぜひ取り入れたいところです。

　伝達系脳番地を鍛える方法はいくつかありますが、簡単でお勧めなのは、**英語しりとり**や、逆読みです。

　英語でしりとりをするときは、「Tool → Lady → Yellow → Wood」というように、前の単語の末尾のアルファベットを拾って、そのアルファベットから始まる単語を連ねていきます。誰かと一緒にやってもいいでしょうし、もちろん自分1人でやってもかまいません。

　逆読みというのは、単語を構成するアルファベットを後ろから順に読み上げること。たとえばEnglishを逆読みする場合、h,s,i,l,g,n,eと口に出して言います。

　しりとりや逆読みは伝達系脳番地を刺激するだけでなく、口に出して実行することで運動系脳番地も働かせることにもなります。遊びながら気軽にできるので、ぜひ取り入れてみてください。

■伝達系脳番地を高める英語トレーニング

英語でのしりとり（Word Chain）

●スペルの最後のアルファベットを使うしりとり

Tool ➡ Lady ➡ Yellow ➡ Wood ➡
Decoration ➡ Needle ➡ English ➡ Home
➡ Egg ➡ Gold ➡ Doctor …

●慣れたら、ジャンルを絞って遊ぶ（例：食べ物）

Rice ➡ Eggplant ➡ Tuna ➡ Avocado ➡
Omelet ➡ Tomato ➡ Olive …

逆読み

●英語のスペルを逆から読み上げる

ENGLISH	➡	H S I L G N E
TAKE	➡	E K A T
HAVE	➡	E V A H
WORLD	➡	D L R O W
BRAIN	➡	N I A R B
SCHOOL	➡	L O O H C S

「シャドーイング」で
耳・口・脳を「英語モード」にする

耳で聞きながら、マネして声も出す

スピーキングのトレーニング法としてお勧めなのは「シャドーイング」です。

シャドーイングとは、英語の音声を聞き、その音声をマネしながら自分で声を出して話すことをいいます。一般に、学校の英語の授業では、「英語の音声を流す→音声を止める→マネて繰り返す」という、「リピーティング」と呼ばれるトレーニングが取り入れられているでしょう。シャドーイングは、リピーティングのように音声を止めることなく、聞こえる音声を「影（シャドー）」のように追いかけながらスピーキングするところに違いがあります。

シャドーイングには、リスニングよりも伝達系脳番地が刺激されるという特徴があります。これは、望月肇氏(弓削商船高等専門学校) らの脳科学実験のデータからも明らかにされています。

また、「耳で聞く」ことと「口を動かして話す」ことを同時に行うことにも意味があります。同時処理では、フォノロジカルループを活性化して思考系脳番地の活動が高ま

るのです。

このようなことから、リピーティングとシャドーイング
では、シャドーイングのほうがスピーキング力が伸びるス
ピードが速いと考えられます。

シャドーイングは、英語の音声と自分の声が重なるため、
自ずと集中力も要求され、練習して慣れないと少し難しく
感じるかもしれません。

上手にできるようになるには、イヤフォンやヘッドフォ
ンなどを使うのがポイントです。英語の音声が自分の声で
かき消されずしっかり聞こえるようにすると、スムーズに
音を追いかけることができます。

リピーティングよりシャドーイングのほうが、学習効果は高い！

5

「言い換え」トレーニングで
英語の感覚をインプットする

😊 構文を変えると伝達系脳番地が鍛えられる

伝達系脳番地を鍛える方法として、簡単でお勧めなのは、**英語の構文を操作**することです。

たとえば、
"I chopped the beef."
（私は牛肉を細かく切った）
という英文を受動態にすると、
"The beef was chopped by me."
（牛肉は私によって細かく切られた）
となります。このように、能動態の文章を受動態に書き換えることは、中学、高校と英語を勉強した経験があればさほど難しくないでしょう。

構文の操作は、肯定文を疑問文に変えてもOKです。
たとえば、"You always wake up at 7 a.m."（あなたはいつも朝7時に起きる）
という文章を疑問文にすると、
"Do you always wake up at 7 a.m.?"（あなたはいつも朝7

時に起きるんですか？）

　となりますね。このくらいの書き換えなら、簡単にできるでしょう。もちろん、受動態を能動態に変えてみたり、疑問文から肯定文をつくってみたりしても構いません。

　このような構文を書き換える操作は、特別に難しいものでなくても、それを行うだけで伝達系脳番地を刺激することができます。手軽にいつでもできるトレーニングですから、ぜひ日々の英語学習の合間に取り入れていきましょう。

■「文章の書き換えトレーニング」の例

①能動態の文章を受動態の文章に書き換える

I chopped the beef.

（私は牛肉を細かく切った）

The beef chopped by me.

（牛肉は私によって細かく切られた）

②肯定文を疑問文に書き換える

You always wake up at 7 a.m.

（あなたはいつも朝7時に起きる）

Do you always wake up at 7 a.m.?

（あなたはいつも朝7時に起きるのですか？）

聞き取れないときは「目で見て」補う

「理解しようとしない」と、英会話はうまくいく

英語の初心者でもうまく会話を回せるようになるコツは、「相手の言うことをすべて理解しようとしない」ことです。

日本語で会話するとき、私たちは**聴覚系脳番地**と**伝達系脳番地**を主に使っています。

ところが英語初心者の場合、相手が何を言っているかわからないと、記憶系脳番地が働いて「今の単語の意味は……」というように絶えず記憶を引き出そうとします。すると、聴覚系脳番地と伝達系脳番地の回路がうまく回らなくなってしまい、相手の言葉がうまく処理できなくなるのです。

記憶系脳番地を働かせずに会話を進めるには、**まずは会話のキーワードを意識して聞くようにしましょう。**相手の様子や状況もよく見て、総合的に相手が発しているメッセージのポイントをつかむようにすることが大切です。そうやって相手のメッセージを理解したうえで、日本語で言いたいことを考え、それを英語にするというステップを踏むと、会話がスムーズに進むようになるでしょう。

言葉だけにとらわれず、目の前の状況から判断すべし！

7 話す相手に 「視覚系リスニング」をさせる

話し下手でも「ジェスチャー」で伝えられる

英語で言いたいことを伝えるだけでは、ただ英語のフレーズを覚え、それを口にするだけでは足りません。英語は日本語以上に、体全体を使い、言葉のニュアンスも含めてコミュニケーションするものだからです。

外国人に言いたいことが伝わるスピーキング力を身につけるには、**英語ならではのジェスチャーや表情の動かし方**なども学ぶ必要があります。

そこで役立つのが、インターネットの動画や映画。

たとえば、アメリカの「TED(Technology Entertainment Design)」というグループは、さまざまな講演動画を無料で配信しています。これらのTEDトークを視聴すれば、プレゼンテーションのときに話し手がどんなふうに聴衆に訴えかけるのかを学ぶことができるでしょう。

できればただ視聴するだけでなく、TEDトークをシャドーイングしたり、その人になりきってジェスチャーまでマネしてみたりするのが効果的です。

映画も、感情表現が豊かなセリフやジェスチャーがあふれています。その場面のイメージを持ち、役者になりきっ

て、ジェスチャーやイントネーションもマネてみましょう。

　講演中に発せられるインパクトのあるフレーズのように、言葉は常に状況の中で選ばれて発せられるものです。「どんな場面で使う言葉か」という想定をせず、ただフレーズをたくさん覚えようとしても、なかなか身につきません。また、たとえ丸暗記できたとしても、いざというときにパッと出てこないでしょう。

　英会話のフレーズを学ぶなら、生きた会話やプレゼンテーションを素材とし、話し方も含めた総合的な表現をマネながら覚えるようにしたいものです。

ジェスチャーをしたり、ものを見せると伝わりやすい！

海外に行ったら
必ず「英語で買い物」しよう！

🧠 英語で「相手が動いてくれる」と、記憶に残る

　私がアメリカに渡って間もない頃、**スピーキングの練習としてよくやっていたのは、スーパーでの買い物**です。目的は英語を話すことですから、買い物は必ず一つずつにし、その都度、販売員の人と会話をするようにしていました。

　スーパーでの買い物は、英会話の実践になるだけでなく、「英語を話し、相手が自分の思ったとおりに動く」という体験を積む意味もあります。

　たとえばレストランに行き、ウエイターに声をかけてメニューを持ってきてくれるよう英語で頼んだとしましょう。うまく言いたいことが通じ、相手がメニューを持ってきてくれると、「自分の英語が通じた」という体験になります。

　このような体験を積むと、スピーキング力がぐんぐん上達します。というのも、英語で体験した記憶は頭の中の「英語体験記憶」のエリアを発達させることになるからです。そして、こういった場面で使った英語は、記憶に深く残ります。英語の記憶場面をたくさんつくることは、スピーキング上達の鍵と言ってもいいでしょう。

英語で「会話が成立した」体験が脳を成長させる！

海外旅行の思い出を
友人に英語で話してみる

😀 海外から帰ったら、しばらく英語漬けになる

「スピーキングのトレーニングも兼ねて海外旅行を楽しんでいる」という方は、せっかくならその効果をより高いものにしたいと思われるでしょう。

そこで知っておきたいのは、脳には「記憶の妨害効果」があるということです。

たとえば、旅先でとても美しい景色を見て「きれいだなぁ」と思っても、その後さらに美しい景色を見ると、前の記憶はかすんでしまいます。これが妨害効果です。

語学の場合で言えば、**海外旅行で英語をたくさん使っても、帰国後に日本語ばかり使っていると、あっという間に英語の回路が鈍ってしまいます。**

妨害効果を最小限に抑えるには、海外旅行から帰ってきたら、その後1週間程度は集中して英語を使い続けるのが効果的です。

日本語を完全に避けるのは難しくても、「英語脳」でいられる時間を伸ばし、脳の回路に"余韻"をつくることができれば、さらにスピーキングの上達が期待できるでしょう。

英語を使うといっても、難しく考える必要はありません。

　簡単で効果的なのは、楽しかった旅行の思い出を、写真を見ながら英語で話してみることです。

　海外旅行で見た光景は英語の記憶を伴っていますから、英語による体験映像として想起されます。そういった記憶を増やし、定着させていくことが、スピーキング力の向上に寄与します。

帰国しても「英語モード」を維持しよう！

10 オンライン英会話は
自分で話題を用意する

脳に「話して伝わる」体験をさせる

「スピーキングのトレーニングをしたいけれども、外国人と話す機会があまりない」という方は少なくないでしょう。

このような場合、英会話学校に通ったり、最近はSkypeなどを活用したオンライン英会話サービスを利用したりする方法もあります。ただし注意が必要なのは、漫然と英会話に臨んでも、上達は期待しにくいということです。

英会話に取り組むなら、「英会話を楽しみ、好きになること」が重要です。楽しくもない会話をするのは日本語ですら苦痛なものですから、それを慣れない英語でやっていては、脳が情報を取りにいく状態にはなりません。

英会話学校に行くにしても、オンライン英会話を利用するにしても、**効果を最大限に高めるために大切なのは、自分が楽しめる話題を準備して臨むこと**です。

「日本語で話しても、このテーマなら盛り上がるだろう」と思えるものを選んでください。

選ぶ話題は、好きなスポーツの話でも、趣味の話でも、あるいは関心を持っている仕事上のテーマでもいいでしょ

う。自分が撮影した写真を持っていって、それを見ながら旅行の話や自分がつくった料理の話などをして、「自分の体験を英語で話す」経験をするのもお勧めです。

英会話が、ときに非常に難易度が高くなるのは、急に話題が変わることがあるからです。

実際の日常会話では、相手が予期しない話を振ってくることはめずらしくありません。とっさに何の話題か判断できないと、話についていけなくなってしまうのです。

この点、**英会話は自分でテーマを用意しておけば「急な話題の変化」にあわてることは少なくなります**。スピーキングのトレーニング中は、テーマを準備して臨むことで、落ち着いて会話に集中することができるでしょう。

好きなテーマでスピーキング練習しよう

SNSのコメント書きで
スピーキング脳を育てる

身近にネイティブがいない人は日本人同士でもOK!

みなさんは、「英会話の練習をするには、絶対に外国人と話さなければならない」と思い込んでいないでしょうか?

実は、**日本人同士での英会話練習も、非常に効果的な方法**です。特に英会話の初心者の方は、まずは日本人と英語で話すことにチャレンジすることをお勧めします。

日本人同士が英語で話すことのメリットは、社会的な背景や文化が異なる外国人と違って、スムーズに"以心伝心"ができるということ。「まずは英語で話して意思疎通する」という経験を積むにはうってつけなのです。

また、語彙が少ない場合、どうしても身振り手振りを使うことになりますが、これは視覚系脳番地を使って状況を読み取る力を養うことになります。いざ外国人と話すとき、相手が言っていることをすべて聞き取れなくても、身振り手振りも含めて意思疎通する練習を積んでおけばコミュニケーションがぐっとスムーズになるでしょう。

また、ヘタな英語で何とか会話をつなぐ練習をしておく

と、初心者にありがちな「恥ずかしくて話せなくなる」ということがなくなります。英会話が苦手な日本人同士で、相手の目をしっかり見て英語で話せるように、たくさん失敗しながら練習することが、度胸をつけてくれるでしょう。

SNSで、会話に近いやりとりをしよう

「身近に外国人がいないけれど、外国人と英会話の練習がしたい」という人は、FacebookやTwitterなどのSNSで外国人の友達を見つけるのもお勧めです。

こういったSNSでは、お互いにメッセージを送ったり、相手の書き込みにコメントをつけたりします。

声に出して話すわけではなく、文字を打ち込むことになりますが、内容は会話に近いやりとりになるものです。

脳科学的には、**スピーキングの領域である伝達系脳番地を育てるトレーニング**ですから、効果が期待できます。

SNS上で外国人に声をかけるのは、最初はためらわれるかもしれませんが、共通の趣味を持つ人など会話が盛り上がりそうな相手を探してコメントしてみてはいかがでしょうか。

最近では外国の有名人が一般のファンにコメントを返してくれたりすることもあるようです。「伝わった」という経験が、あなたの脳を刺激し、より英語への欲求を高めてくれるでしょう。

12 「発音」を気にしすぎると 頭の回転が止まってしまう

「正しい発音」より「伝わる」ことが大切

スピーキングについては、**発音**についても考えておかなくてはならないでしょう。

「発音が悪いことが気になっている」

「正しく発音できないと、外国人と話すのが恥ずかしい」

そんな悩みを持っている方は、少なくないはずです。

しかし、発音が苦手なために英会話の壁を感じている人には、私は**「発音は下手でいい」と開き直る**ことをお勧めします。かくいう私も、発音については開き直っています。

そもそも、「発音がダメなままでは、英会話が上達しない」という考えは、脳科学的には正しくありません。

発音の練習によって鍛えられるのは運動系脳番地と伝達系脳番地がつながる部分です。トレーニングするに越したことはありませんが、これは**脳番地のごく一部**にすぎませんから、ここの鍛え方が足りないからといって英会話力に大きな影響はありません。むしろ、発音を過剰に意識しすぎると、伝達系から運動系に向かうルートがスムーズに働かない、ということが起こります。

　日本人は羞恥心を持ちやすい傾向がありますから、「欧米人のような発音ができない」ことを英語コンプレックスに転嫁してしまいがちなのかもしれません。

　しかし、世界中ではさまざまな英語が話されています。インド人の英語は舌足らずな印象を受けますが、だからと言ってインド人に「その英語の発音を直してほしい」と言う人はいません。中国人や韓国人は押し出しの強い英語を話すといわれますが、それも一つの特徴であって、そのまま世界で通用しています。

　「きれいな発音で話せるとカッコいい」と思う気持ちはよくわかりますが、**発音が英語習得の足かせになるのは非常にもったいないこと**です。日本人は、日本人らしい発音の英語のまま、世界に出ていっていいのではないでしょうか。

カッコイイ会話は「内容」で決まる

　それでも「格好よく英語で会話したい」「恥をかきたくない」という気持ちを捨てられない人は、「格好よい英会話とはどんなものか」を考え直してみてください。

　英語であろうと日本語であろうと、**会話において重要なのは「情報交換力」**です。

　人と人がお互いに貴重な時間を過ごし、会話を交わすのですから、そこで相手に喜ばれるのは「相手が知りたいと思う情報を提供し、相手からも情報を得ながら、お互いに有益な会話をすること」であるはずです。

簡単に言ってしまえば、発音の良しあしなどよりも、**会話の内容が充実していることのほうがずっと重要**だ、ということです。

　もしもあなたが中身のない話しかできなければ、どんなに発音が美しい英語を話せたとしても、ビジネスの場面で評価されたりプライベートで外国人の人間関係が広がったりすることはないでしょう。

　「英語で実現したいことは何か」を考えれば、こだわるべきは発音ではないことは明白です。

　日本人のノーベル賞受賞者が英語でスピーチをしているのを聞くと、さほど発音が美しいわけではないことに気づきます。

　しかし、彼らを「発音がおかしい」と非難する人などいません。「この人の話が聞きたい」と思われる人になれば、発音が多少悪くても、聞き手のほうが「話を理解しよう」と一生懸命に耳を傾けてくれるのです。

　「自分が知らないことを教えてもらいたい」「この人の話を聞きたい」という思いには、言葉の壁を取り払う力があります。

　英会話力を高めたいと思うなら、**相手に必要とされる情報を持つこと**、さらには、**相手にとって魅力的な人間になることこそ重要**なのです。

脳科学的に正しい

【リーディング学習法】

視覚系×記憶系で リーディング力を強化する

🧠 英語でも「読む」脳番地は同じ

みなさんは普段、本を読む習慣があるでしょうか？

「本を読むくらいのことは、誰でもできる」と思っている人もいるかもしれませんが、実は、**本を読むのが得意な脳と不得意な脳**があります。私が脳のMRI画像を見れば、その人が本を読むのが得意かどうかすぐわかるほど、脳の枝ぶりにも大きな違いがあるのです。

具体的に言うと、**視覚系脳番地から記憶系脳番地につながるルート**がしっかりしている人は、文字に親しむ能力があると判断できます。

実は、このルートは、英語でも日本語でも「読む」という行為では同じように使われるものです。

つまり、このルートが確立していない脳だと、英語を読むのも日本語を読むのも苦手だということになります。「長い時間、文章を読むのは苦痛だ」という人は、**リーディングのトレーニングをする前に、まずこのルートを鍛えることから始めたほうがいい**でしょう。

「昔はよく本を読んだけれど、最近はあまり読めていない

な」という人も要注意です。使わなければルートが寂れて
しまいますから、やはり、改めて鍛え直したほうがいいと
思います。

　視覚系脳番地と記憶系脳番地をつなぐルートを確立する
ためには、**とにかく多読する**ことです。

　読むものは、「文字を目で追って読む」ことができるも
のなら何でもかまいません。もちろん、日本語のコンテン
ツで始めてもOKです。

「英語に目を慣らす」ことで学習の下地をつくる

外出したら「すべての英語」に目を向ける

2

「何でも読む」ことで「リーディング脳」ができる！

リーディングができるようになるには、とにかく**英語を読む経験を増やして「リーディング脳」をつくる**ことです。

ここで言う「英語を読む経験」というのは、買ってきた本や英字新聞などに限りません。少しでもたくさん英語を読んだほうがいいので、できれば**街の中で見かける英語にも目を向けて読むクセ**をつけたいところです。

「街の中に英語があるの？」と思う方もいるかもしれませんが、たとえば電車の乗り場などには外国人向けの英語の表示があることも少なくありません。日本にいても、注意していれば英語を読む機会はたくさんあります。もしも外国に行く機会があれば、チラシのような紙をこまめに集めて読んでみるのもいいでしょう。あるいは、普段は覗かないような、外国のスーパーなどのウェブサイトをチェックするのも面白いかもしれません。

本を読むことで出合う単語と、日常生活でよく使われる単語には、差があるものです。こうした英語に目を向けると、「身近でよく使われているのに実は知らない単語」に気付くこともできます。

どこに行っても「英語をチェックする」クセをつけよう！

3 リーディングの前に 日本語で知識を習得する

😵 知らないジャンルには手を出さない

リーディングでは**視覚系脳番地**と**記憶系脳番地**が使われるとご説明しました。これは、脳が目で見た文字の内容を、記憶の中にある単語の意味や物事の概念などと照合し、内容を理解しようとするからです。

つまり、目で見たもの（文章）は、記憶とマッチングしていないと読解できず、読み進めることができないのです。

かつて、「英語で書かれたエッチな本を読めば、意欲もわくのでは？」と思い、海外旅行の際に買って、早速、帰りの飛行機で広げてみたことがあります。しかし、情感を表す形容詞やスラングなどがたくさん登場し、それらの意味がまったくわからず、数ページで挫折してしまいました。

このように、**一見、興味のある題材も、まったく知識のない英語が多出するジャンルは後回しにしてもよいでしょ**う（辞書を片手に意欲をかき立てられる場合は別ですが）。

リーディング力をアップしたいと思うと、つい難しいものに手を出したり、英語の文献を読んで新しい知識を得ようと考えたりしがちです。しかし、脳の仕組みを知ると、このアプローチはあまり効率的ではないことがわかります。

日本語でも読むのが難しい内容を英語で読むのは、無謀だと言ってもいいかもしれません。

　リーディングの前提となる知識については、日本語で読んで習得することをお勧めします。

　私自身の例で言うと、MRIについては当時最先端の研究だったため、日本語の文献はありませんでした。そこで、参照できる分野として、脳波に関する日本語の文献を読み込みました。こうした取り組みの結果、脳の話を英語でも自然に読みながら考えることもできるようになったのです。

🧠 日本語で背景知識をつけてから読む

　脳の仕組みと私自身の体験からわかるのは、英語と日本語は並行して勉強すべきだということかもしれません。

　日本語で十分な知識を得た分野は、英語で読んでも、語彙さえわかればスムーズに理解できます。知らない単語が出てきても、前後関係から意味を推測しやすいものです。

　そういった分野の文章を多読し、「**英語で読んでわかる**」**体験をたくさん積む**ことが、リーディング力の強化につながります。「日本語で本を読んで知識を得ると、英語のリーディング力もアップする」と言ってもいいかもしれません。

　「バックグラウンド知識を得るための読書」については、できる限り素早く、深く、広く情報を得られる言語を使うべきです。ここを間違えると、英語習得という本来の目的を達成する前に挫折しかねないので十分に注意しましょう。

リーディング練習は「好きなもの」をトコトン読む

好きなジャンル「だけ」でも、英語力はつく

リーディングの鉄則を一つ挙げるなら、「**自分の欲求に合ったもの、読みたいと思うものを読む**」ことに尽きます。

特に英語が苦手な人の場合、読みたくもない内容の英文に手をつけるべきではありません。なぜならば、「英語を使いたい、英語で読みたい」といった欲求を高めることこそ、英語学習を継続し、成功に導くための秘訣だからです。

大切なのは、「**この分野の英文なら読める**」というジャンルをつくり、それを増やすこと。自分が読みたいものが読めるようになるのですから、「使える英語」を身につけるという観点では、非常に合理的なアプローチとなります。

また、リーディングのトレーニングでは、自分が読みたいテーマで難易度が高くないものを選び、とにかくたくさん読むことが大切です。

読みやすいものをどんどん読むと、徐々にリーディングの速度がアップしてきます。内容を知りたいと思えるもの、読みたいものを読むと、「楽しい英語経験」を積むことができ、脳がより英語に親しむことにも役立ちます。

　読みやすいものをどう選べばよいかわからないという人は、日本語と英語でコンテンツがそろっているものを選び、一緒に読むのもよいトレーニングになるのでお勧めです。

　たとえば、『ハリー・ポッター』シリーズなどは、日本語版と英語版のどちらも容易に入手できます。書店に行けば、英語と日本語が対になった対訳本もたくさん並んでいます。

　こういったものを選べば、先に日本語で知識を仕入れることができるので、英語が簡単に感じて楽しみながら読むことができます。日本語と英語で同じ知識を持つことで、言葉の互換性も高められるので、リーディング力を高めるのにはうってつけです。

🧠 好きな外国人のプロフィールを読んでみる

　「好きなものを読む」ということでいえば、**自分が好きな外国人のプロフィールをインターネットで探して読む**のも、リーディングの訓練としてお勧めの方法です。

　単語学習のやり方でも少しご説明しましたが、関心のある外国人のプロフィールを読むと、その分野の代表的な単語を身につけるきっかけになります。また、親近感を持てる外国人を増やすことは、脳が英語への親しみを増し、上達させることにも役立ちます。

　たくさんプロフィールを読むと、自分のプロフィールを書くときも英文の構造や表現を応用できるでしょう。一粒で何度もおいしい勉強法なので、ぜひ試してみてください。

論文の概要や 企業の広報文を読んでみる

英語の文章には「決まった形」がある

リーディングでは、**英語の文章に「決まった形」がある**ことを押さえたうえで読むと、必要な情報をスピーディーに拾うことができます。

英語論文の場合、基本的な形は「**序文**」「**本文**」「**議論**」「**結論**」という流れで構成されています。

もしも結論だけわかれば十分なら、最後の部分だけ読んでもいいわけです。

「飛ばし読みをしてもいいのか」と思うかもしれませんが、そもそも「英文を読むのは必要な情報を知るため」のはず。

もちろん、ストーリーのある小説を読むなら頭から順に読み進める必要がありますが、ビジネスや趣味などのために情報収集するだけなら、拾い読みをしてもまったく問題ないでしょう。

大切なのは、英語がどのように書かれているのかを知り、必要な情報にスムーズにアクセスする力を伸ばすことなのです。

■英文の基本的な形式

●英語論文の場合

1	序文	Introduction
2	本文	Body
		・Hypothesis（仮説）
		・Subject（対象）
		・Method（方法）
		・Result（結果）
3	議論	Discussion
4	結論	Conclution

※3を2の一部と考えることもあります

　以上のように、英語の論文では、どこにどんな内容をどんな順序で記述するか、必ず決まりごとがあり、それを守って作成されています。

　たとえば「序文」では、一般論から始まり、さらにテーマを狭くして、これまでの報告や問題点を指摘した上で、著者の構想を述べます。

　「本文」では、自分の主張を展開します。そのために、科学論文上では仮説（Hypothesis）、対象（Subject）、方法（Method）、結果（Result）が順序よく、読みやすく配列されています。

　「議論」では、本文での主張を解釈し、この主張や研究の問題点も指摘し、内容を深めます。

　「結論」では一番大事なことから述べ、簡潔に論文をまとめます。

🎴 多読には「プレスリリース」がお勧め

なお、英語論文を多読に利用するなら、冒頭にある要旨の部分（abstract）を読むのがお勧めです。

要旨は専門知識がない人にもわかりやすいよう、誰もが理解できる構文と単語で書かれているものですから、用語さえ調べてしまえば敷居はそう高くありません。

ビジネスパーソンの場合、自分の仕事と関係性の深い外国企業の**プレスリリース（広報文）**を多読に使いましょう。小説とは違ってシンプルな構文で書かれ、単語もわかりやすいものが選ばれているので、スムーズに読めるはずです。

プレスリリースなら、自分の仕事に直結する単語や表現を学ぶことができますし、海外企業のウェブサイトにたくさん載っていますから、多読の素材を簡単に見つけられるのも見逃せないポイントです。

また、それらに当てはまらない場合でも、インターネットのニュースサイトなども、簡単な記事紹介の項目では一定の形式で記事を紹介しています。

こうした素材を活用しながら、数多くの「リーディング体験」を得ることで、より効率的に英文を読むことができるようになるでしょう。

ネット検索で 速読力を鍛える

6

👀 興味ある単語を次々に調べて多読へ

「英文をできるだけ速く読めるようになりたい」と考えている方は少なくないでしょう。

情報を拾うだけなら飛ばし読みをするのが一つの方法ですが、「正確に、スピーディーに読む力をつける」ことを目指すなら、やはり**ネックになるのは語彙力**です。

しかし、やみくもに単語を覚えていくだけでは、いつまでたっても速く読めるようにはなりません。みなさんも、「スムーズに英文を読めるようになるための語彙力をつける」と言われても、何から手を付けていいのかわからないのではないでしょうか。

しかし、速読を可能にする語彙力強化法はあります。重要なのは、**テーマを決めて単語を攻略していく**ことです。

たとえば、アニメ『あらいぐまラスカル』を見ていて、アライグマに興味を持ったとしましょう。このようなときは、インターネットを使い、まず日本語でアライグマについて調べます。すると、「アライグマは北アメリカ原産の哺乳類の一種で、日本では外来種として野生化して生息し、

145

毛皮が服飾などで使用されている」などの情報を得られます。こうして、一通りの知識が身についたら、次は英語でアライグマの情報を探してみるのです。

「アライグマ（Raccoon）」という一つのテーマを決め、情報を集めていくと、たとえば「mammal（哺乳類）」「alien species（外来種）」「fur（毛皮）」といったように、関連する語句が次々と出てきます。前提知識を日本語でつけていますから、こうした単語の理解・記憶はしやすいはずです。

さらに気になったポイントを調べ、次々と情報を追いかけていけば、「アライグマに関する単語はほぼわかる」といえる状態になるでしょう。そうなれば、アライグマに関する記述はスピーディーに読めるようになっているはずです。

読めるジャンルを増やす

速読を可能にするには、こうして「このジャンルなら語彙に困ることはない」と言える分野をつくり、それを増やしていくことが欠かせません。最初は少し時間がかかるかもしれませんが、少しずつ「すらすら読める」ジャンルが増えていくと、英語に親しみを感じ、英語でものを読むことが好きになってくるでしょう。

なお、このトレーニング法は、気になったことを英語で調べることで「必要な情報をピンポイントで探す力」も伸ばせます。情報の拾い読みによる速読力も鍛えることができる、一石二鳥の勉強法なのです。

■「アライグマ」を英語で調べてみる

●アライグマ（Raccoon）を調べると、以下のようにさまざまな
　情報が出てくる。

①The Raccoon is a mammal.
　（アライグマは哺乳類である）

②Raccoons live mainly north America.
　（アライグマは主に北アメリカに住んでいる）

③Raccoons also lives in Japanese forests as alien species.
　（アライグマは外来種として日本の森にも生息している）

④The fur of raccoons is used for caps.
　（アライグマの毛皮は帽子に使われる）

③が気になる	④が気になる
「Japan raccoon alien」で検索	「raccoon fur」で検索
英語で日本のアライグマ事情を読んでみよう！（難しければ、まず日本語で予備知識をつけて再チャレンジ）	英語でアライグマの毛皮事情を読んでみよう！（難しければ、まず日本語で予備知識をつけて再チャレンジ）

精読するものはじっくり選び
持ち歩いて何度も読む

💬 雑誌から読みたい文章を切り抜く

リーディング力を鍛えるには、多読だけでなく、**精読**も取り入れる必要があります。**1週間に3～4ページくらいで十分ですから、わからない単語をすべて調べ、丁寧に読み込む習慣を持ちましょう。**

私が実践していたのは、英字雑誌の読みたい記事を探し、切り取ってノートに貼っておくことです。ノートは常に持ち歩き、貼り付けた記事を繰り返し読むようにしました。

精読を継続するために重要なのは、必ず「自分が読みたいもの、仕事や生活に役立つ実用的なもの」を選ぶことです。また、欲張って量を増やさないこともポイントです。

これは、英文を精読することが嫌にならないようにするためです。繰り返しご説明しているように、英語学習においては、脳が英語の情報を取りにいきたがる「したい思考」を維持することが重要なのです。

よく読み込んだ記事は、ノートやファイルなどを重ねてとっておきましょう。読んだ記事が厚みを増し、「これだけ読んだのだ」という達成感があると、さらにリーディングへのモチベーションがアップします。

英語を読むときは
「返り読み」は絶対にしない

読むときは「理解系」だけを使いたい

　中学校や高校では、英文読解の際は日本語に訳していくのが一般的です。日本語に訳すことが主眼となっているため、**英文を「後ろから前に読む」**クセがついてしまっている人は多いのではないでしょうか。

　返り読みをしていると、いつまでたってもリーディングのスピードは上がりません。もともと文章は前から順番に読んでいくものなのに、その順番を変えることで無駄に脳番地を使わなくてはなりませんから、スムーズに読めなくなってしまうのは当然のことなのです。

　返り読みを止めるには、英文を読むときに「重要な一文はどこか？」と常に意識しながら読み進めるのがコツです。
　たとえば
"I went the shop where I had seen a nice shirt before."
（私は前にカッコいいシャツを見た店に行った）
　という英文を読む場合を考えてみましょう。whereは関係代名詞で、where以下はthe shopを修飾する節です。

この場合重要な事実は、「私はあるお店に行った」ということでしょう。このように、英文の中の大事なメッセージは、前置詞や関係代名詞などによる「修飾するための句や節」には含まれていないことが多いといえます。

　返り読みをするくらいなら、そういった句や節は読み飛ばしてしまってもいいので、まずは「重要な一文」を押さえることに集中して読むことを意識してください。

　つまり、
「私はあるお店に行った」
「それで、カッコいいシャツを見たのだ」
「前に」
　と、順に理解すればいいのです。脳内でわざわざ美しい日本語に直す（言葉を操作する）必要はありません。

　返り読みのクセがなかなか抜けない人は、リーディングの際、一段落ごとに一番重要な一文を選び、下線を引くようにしてみましょう。

　ペンを使って英文を順に追いながら「重要な一文」を探すことを徹底すれば、自ずと「前から後ろ」に英文を読めるようになってくるはずです。

■「返り読み」を克服するコツ

●「返り読み」とは？
　＝日本語の主語と述語のように、単語の場所を入れ替える読み方

例）

"I went the shop where I had seen a nice shirt before."
　①　⑥　　　　⑤　　　　　　④　　　　③　　　　②

　　　　【A】　　　　　　　　【B】　　　　【C】

（①私は②前に③カッコいいシャツを④見た⑤店⑥に行った）

これをしていると、**理解系脳番地をフルに使えない！**

【解決法！】
　ここでは、「私はあるお店に行った」という事実が重要で、
「先週カッコいいシャツを見かけた」という部分はあくまで補足。

　頭で理解する場合は
【A】　①、⑥、⑤　　私はあるお店に行った
【B】　④、③　　カッコいいシャツを見た
【C】　②　　前に
と、**重要度別**に情報を組み立てて理解するのがコツ。

　「キレイな日本語に訳す」ことにこだわらず、【A】〜【C】の各
パーツで頭に入れるクセをつけましょう。

文字を目で追うのが苦手な人は?

文章を読むことに特に苦労がないという人もたくさんいますが、一方で、「文字を目で追うのが苦手で、スムーズに文章が読めない」という人も少なからずいるものです。

実は、私自身、目で文字を追うことが得意ではありません。行末から次の行頭に目を移そうとすると、どこを見てよいかわからなくなることがあるのです。次の行を見たつもりだったのに、すでに読んでいた行を見てしまったりすると、読んでいた文章の意味を忘れてしまって、スムーズに読み進められなくなってしまいます。

このような苦労がある人は、そもそも英語力以前の問題で、目で一定のラインを追うことが苦手だと考えられます。このまま頑張っても、リーディングの上達が遅れてしまう可能性があります。そういう場合は、まずは日本語か英語かを問わず、「文字を目でうまく追えるようになること」を目指してトレーニングしたほうがいいでしょう。

トレーニングと言っても、やることはさほど難しくありません。指さししながら読んだり、もし横書きの文字を読むのが苦手なら、横罫のあるノートを用意し、ペンでノートの線を上から順になぞっていくだけでOKです。

「言われてみれば、本を読むときによく行を間違えるな」という人は、ぜひこのトレーニングを試してみてください。

脳科学的に正しい

【ライティング学習法】

英文のライティングは「要素の並べ替え」で始める

文章は視覚系、思考系、理解系で書く

ライティングで主に使う脳番地は、**理解系と思考系**、そして**視覚系**です。脳内では、視覚系脳番地（後頭葉）と思考系脳番地（前頭葉）の間で、理解系脳番地（頭頂葉～側頭葉）が介在しています。

みなさんも経験があるのではないかと思いますが、文章を書くことは自分の思考を整理するうえで大変有効です。

実は、ライティングによって書いている内容への理解が深まるのは、脳の仕組みから説明できるわけです。

考えを整理して理解を深めるという観点から、文章力を鍛える方法としてお勧めなのは、**短冊を使った構成法**です。

文章を書くときは、最初からまとめて書こうとするのではなく、まず「言いたいこと」を短冊に書き出してみましょう。それを並べ替え、「どの順番で伝えればわかりやすいか」を考えるのです。

もしも論理がつながっていない部分があれば、短冊を並べることで気付きますから、足りない要素を補足していきましょう。こうして並べ替えを行って構成を練っているうちに、「書きたい」という欲求も高まってくるはずです。

■短時間で論理的な文章を構成するコツ

STEP1	思いついた事柄を短冊状にする

A	苦手な「脳番地」は未発達である
B	担当機能を「脳番地」と呼ぶ
C	未発達な「脳番地」も成長できる
D	人それぞれ得意な「脳番地」がある
E	苦手な「脳番地」の強化で可能性が広がる
F	脳は場所によって担当機能がある

STEP2	わかりやすいように並び替える

①	F	脳は場所によって担当機能がある
②	B	担当機能を「脳番地」と呼ぶ
③	D	人それぞれ得意な「脳番地」がある
④	A	苦手な「脳番地」は未発達である
⑤	C	未発達な「脳番地」も成長できる
⑥	E	苦手な「脳番地」の強化で可能性が広がる

STEP3	各短冊を補強する文章を肉付けする

文章を書く＝「考えたことを並べ替える」

英語で書く前に 日本語で文章を書いてみる

🧠 いきなり英語で文章を書ける人はいない

ライティングに取り組む際、いきなり英語で文章を書こうとしていないでしょうか？

英語学習中の日本人が、ゼロから英文を考えるのはかなりハードルが高いと言えます。途中で挫折してしまわないためにも、**まずは日本語で文章を構成し、じっくり推敲したうえで、それを英文にしていく**ほうがいいでしょう。

思い出してください。英語学習の要諦は、英語への欲求を高めることでしたね。まずは日本語で準備をし、「英文を書きたい」という気持ちを高めていくことこそ、ライティングを身につけるポイントなのです。

日本語の文を推敲するときは、どうすれば英語に訳しやすそうかを考えて、英語の構文を当てはめられるような日本語にするのがコツです。

また、いたずらに難易度を上げないよう、関係代名詞などを使った長い文章ではなく、シンプルで短い文章にするよう心がけましょう。一文が2行以上にならないようにするのが一つの目安です。

■英語に訳しにくい日本語の文章とは？

例1）主語があいまいな表現

×勉強は嫌いです。

➡ 直訳すると、Hate studying. などになるでしょうか。これで
は、「勉強が嫌いなこと」という意味で、伝えたいこととはか
け離れています。英訳する文には必ず主語を入れましょう。

○<u>私は</u>勉強が嫌いです。

　I hate studying.

例2）日本語で倒置などを使った表現

×鳥なのに飛べないのが、ペンギンなのです。

They are the penguins that can't fly although they are
classified as birds.

日本語ではよくある表現ですが、英文にすると関係代名詞や接
続詞が使われ、複雑な文章になってしまいます。ネイティブにも理解
できる文章ですが「読みづらい」「文字数が多い」と思われたりしま
す。以下のように直すと、シンプルで伝わりやすい英文になります。

○ペンギンは鳥ですが、飛びません。

　Penguins can't fly, although they are classified as birds.

**「表現したい日本語」→「英語にしやすい日本語」にす
るのが、英文作成のコツ**

美しい英文は「マネ」をすれば書ける

💭 似たような文章を、単語だけ変えて使う

　ライティング力を鍛えるためには、積極的に「マネ」をするのがお勧めです。今はインターネットですぐに英文を探せる時代ですから、これを活用しない手はありません。

　まずは、自分が書きたい文で使えそうな構文や単語の一部で検索をかけ、その構文や単語を使った英文を見つけましょう。たとえば「このスマホは薄いだけでなく、とても軽い」という文章なら、まず「だけでなく　英語」で検索すると"not only 〜 but also..."という表現が使えそうだとわかります。次に、「not only but also」で検索し、ヒットした英文を読んで使えそうなものが見つかったら、あとは単語を置き換えればいいのです。

　こうしたアプローチで英文を書けば、意味が通じる英語を書くことはそう難しくありません。できあがった英文は稚拙かもしれませんが、「似たものを探す」「マネる」というトレーニングを繰り返すことが、ライティング力の向上につながります。

🧠 英語の文章は、ワンパターンが正しい

英文を書くときに注意したいのは、ビジネスや学問で求められる文章は、一定のパターンを押さえて書かなくてはならないことです。

英語は、日本語以上に構造化された言語です。構造が見えてくると「どれもワンパターンだな」とわかります。そのパターンに沿って書くのが"正解"なのです。

論文の要旨を例にすると、まず「主題」を提示し、「その論文を書く理由」を述べ、「この論文の何が新しいのか」を説明し、「結論」を簡潔に述べる、というのがパターンです。

ビジネスの場でも同様に、会議の報告書や商品・サービスの説明文などには一定のパターンがあるものです。

ですから、ライティングに取り組む際は、まず自分が書きたい文章と同じカテゴリーのものをいくつか探してみましょう。それらがどのようなパターンで書かれているのかを押さえれば、あとはそのパターンに従えばよいのです。

もう一つ知っておきたいのは、英語の文章は常に疑問を提示しながら展開していくものだということ。"When/Where/Who/What/Why/How"という、いわゆる「5W1H」を使い、これらの疑問に明確に答える文章を書くことを心がけましょう。

英語の文章は、基本的に形が決まっている

[**What this is about**(この記事の主な主題は何か？)]

Traffic accidents occur more frequently during deceleration than during acceleration.

交通事故は、加速を行っているときよりも、減速を行っているときのほうが起こりやすいものです。

[**Why this is written**(なぜ、この記事を書いたのか？)]

However, little is known about the relationship between brain activation and vehicle acceleration because it has been difficult to measure the brain activation of drivers while they drive.

しかし、脳の活動と車の加速度との関係は、ほとんど知られていませんでした。それは、運転中のドライバーの脳活動を計測することが難しかったからです。

[**What were the new facts**(何が新しいのか)]

In this study, we measured brain activation during actual driving using functional near-infrared spectroscopy.

この研究で私たちは、運転中の脳の活動を機能的近赤外分光法で測定しました。

[**Conclusion**(結論)]

Our results suggest that vehicle deceleration requires more brain activation, focused in the prefrontal cortex, than does acceleration.

この実験結果から、車を減速させるときのほうが、加速させるときよりも、前頭前野に集中した脳活動が必要となることが言えるでしょう。

[Additional information（補足情報）]

　From the standpoint of the indices used, we found that simultaneous analysis of multiple hemodynamic indices was able to detect not only the blood flow components of hemodynamic responses, but also more localized frontal lobe activation involving oxygen metabolism.

　この実験で使用した指標の観点から考えれば、複数の血流動態指標の同時解析によって、血流成分だけでなく、酸素代謝に関与する前頭葉の局在した活動を検出できることがわかりました。

――*Correlation of prefrontal cortical activation with changing vehicle speeds in actual driving: a vector-based functional near-infrared spectroscopy study*　加藤俊徳氏 ほか共著（英文学術誌「*frontiers in Human Neuroscience*」掲載の論文より、一部抜粋・編集し引用）

　論文に限らず、英語の記事などは、このような「定型」の構成になっています。これを頭に入れることで、相手に伝わりやすい、簡潔な英文が書くことができます。また、読むときは自分が知りたい部分だけを、素早く読めるようになります。

4 ライティングの練習には 説明文や紹介文を書こう

😄 身近なものの紹介文を書いてみよう

ライティングのトレーニングの題材として取り入れたいのは、**身近なものの説明文を英語で書いてみる**ことです。

ウィキペディアなどを見てもわかりますが、英語で何かを説明する場合、やはりパターンがあるものです。そのパターンを押さえてマネれば、展開に悩む必要はありません。

よくあるパターンは、「逆三角形」で書いていく方法です。

たとえば、オレンジの説明文を書くとしましょう。最初は、「オレンジは果実の一種です」というように、説明するものがどんな**カテゴリー**に属するものか、概要を書きます。

次に、その**特徴**を書きます。たとえば「ミカンなどと同様、柑橘類に属していて、甘みと酸味がある」といった具合です。その後は「生育環境」や「栄養価」など、**詳細な情報**を加えます。さらに深い紹介をするなら、歴史を時系列に書くのがいいと思います。「原産地はインドのアッサム地方で、後にヨーロッパに持ち込まれた」とか、「日本には明治時代に入ってきた」などと書くのです。最後に**何か補足したい情報**があれば書き加えましょう。こうした書き方をすると、英語らしい構造の文章を書くことができます。

■身近なものを簡潔に英文で説明する方法

　英語圏では、以下の逆三角形のような順序で簡潔に物を伝えることが好まれます。普段からこの形式を意識すれば、英語でも自然と簡潔な説明ができるようになります。

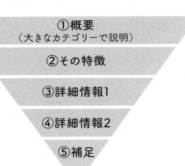

①概要
（大きなカテゴリーで説明）

②その特徴

③詳細情報1

④詳細情報2

⑤補足

例）「オレンジ」を題材にした場合

①オレンジとは、果実の一種である。

②柑橘類に分類され、大きく「ネーブル」「バレンシア」の2種がある。果実はみかんより大振りで皮が固く、皮をむいて食されるか、ジュースにされることが多い。

③15.5〜29℃の温暖な気候で育つ。ビタミンCのほか、βカロチンも豊富。

④インドのアッサム地方原産。

⑤皮は美容に使われることもある。

☆ 英語で自己紹介文を書いてみよう

　書くべき内容はインターネットで調べることができますし、テーマを絞って英語のサイトを探せば、使えそうな英文もすぐ見つかるでしょう。

　ただし、マネをするのはかまいませんが、**引き写しにするだけではいけません**。それではライティング力は向上しませんし、一歩間違えば盗作になってしまいます。

　特に、科学論文では、一文を自分で書いたとしても、その内容を自分が最初に生み出さず、「引用」もしないで発表すると、「盗作」とされる厳しいルールがあります。

　引用する場合は「誰が書いたものか」「出典はどこなのか」を必ず明示するというのも、ライティングにおける重要なルールです。

　もう一つ、ライティングのトレーニング法としてお勧めなのは、自己紹介文を英語で書いてみることです。これは説明文を書くのと同様のトレーニング効果があるだけでなく、一度整理しておけば、外国人とコミュニケーションするときにスムーズに自分について伝えられるようになるというメリットもあります。

　自分の紹介文を書く前に、まずは自分が好きな外国人のプロフィールを英語で読み、どんな構造で書かれているかを見てみましょう。使える表現があれば、どんどんマネして書いてみてください。

英語で自己紹介を書いてみよう!

■例文

Toshinori Kato　加藤　俊徳

①概要

M.D., Ph.D., specializes in theoretical life science, brain functional physiology, brain imaging, and photic brain function measurement.

医学博士。専門は理論生命学、脳機能生理学、脳画像法、光脳機能計測。

②その人の歴史

1961, Born in Niigata Prefecture. Graduated from prefectural Nagaoka high school and Showa University School of Medicine. 1991, I discovered of fNIRS principle of light measured from the scalp on the human brain function.

1961年新潟生まれ。新潟県立長岡高校、昭和大学医学部を卒業。1991年、頭皮上に光を照射することでヒトの脳機能を計測できるfNIRS（機能的近赤外分光法）原理を発見しました。

③世間での評価と実績

I was known as the pioneer of fNIRS to be used at the facility in the world 700 or more locations. 1995-2001, I engaged in brain imaging research and Alzheimer's disease at the University of Minnesota Department of Radiology,

Center for MR Research. 2006. Funded KatoBrain Co. Ltd. to support the social neuroscience. As a medical doctor, I discovered the hippocampal infolding retardation that causes developmental disabilities.

　私は、世界700カ所の施設で利用されている機能的近赤外分光法のパイオニアとして認知されてきました。1995〜2001年には、米ミネソタ大学放射線科MRI研究センターに、脳画像研究とアルツハイマー病研究のために在籍。2006年、社会脳科学への一助として、株式会社「脳の学校®」を立ち上げました。また医師として、発達障害の原因となる海馬回旋遅滞症を発見しました。

④ 補足説明

In the Kato Platinum Clinic (Shirokanedai, Minato-ku), on the basis of MRI brain imaging, he contributed myself to the study of practice preventive medicine, diagnosis of dementia and developmental disabilities. My book The method of strengthen brain advocated a brain training method using a "brain address" (ASA Publishing Co, Ltd.) had become the best-selling more than 270,000 copies.

　「加藤プラチナクリニック（港区白金台）」では、MRIによる脳画像に基づき、自身による予防医療の研究、認知症や発達障害の診断などを行っています。拙著『脳の強化書』（あさ出版）では、脳番地を利用した脳のトレーニング理論を提唱し、27万部を超えるベストセラーとなりました。

5 形容詞や副詞は 使いながら覚える

🧠 「程度」のニュアンスを考えよう

ライティングがある程度できるようになったら、次の問題は**微妙なニュアンスを正しく伝えられるか**どうかです。

実は、英語で非常に難しいのは、形容詞や副詞などの修飾語を正しく使うことです。

たとえば「美しい」というのはどれくらい美しいのか、「大きい」というときの大きさの程度はどれくらいか、「いつも」「ときどき」というのはどれくらいの頻度なのかといったような情報は、意図を正確に伝えるためには欠かせない要素です。

しかし、こうしたグレードを表す言葉は、意外に正しいニュアンスを把握しにくいものです。ネイティブとの決定的な差がつくところだと言ってもいいでしょう。

これらについては、実際に使いながら覚えていくしかありません。まずは大ざっぱに日本語で意味を理解して、実際に英語で使ってみましょう。そうやって書き上げたものを**ネイティブ（もしくは語学の先生）にチェック**してもらい、自分が伝えたいニュアンスが表現されているかどうかを確認すると、徐々に正しい使い方が身についてきます。

（ column 5 ）

日本人こそライティング強化を

　英語がコミュニケーションツールであるという点に立ち返れば、スピーキングかライティングによって自分の考えを伝える力をつけることが必須です。

　英語を学び直すとき、多くの人は「学生時代に手薄になっていた英会話から」と考えるのではないかと思いますが、私はまずライティング力の強化から手をつけることをお勧めします。というのも、日本人は元来、文章力の高い人が多いからです。英語も日本語も使う脳番地はほぼ同じですから、この強みを活かさない手はありません。むしろ、漢字（象形文字）と仮名（表音文字）の両方を使う日本語と比べ、英語はアルファベット（表音文字）のみのため、英文のほうが脳番地を使う範囲は狭いかもしれません。

　また、ライティングはじっくり時間をかけて内容を練ることができますし、ジェスチャーなども関係ないので、スピーキングより難易度は低いといえます。

　私自身、初めて英語の論文を世に出した頃は、スピーキングがろくにできませんでした。アメリカの大学で研究できることになったのは、書いた英文の内容で自己アピールするライティング力があったからです。みなさんもぜひ、ライティングの強化に励んでください。

脳科学的に正しい

【英文法学習法】

決まりごとを守る「ルール脳」を育てる

英文法が上達する「整理整頓」の習慣

「英文法をしっかり学び直そう」と考えている人は、**まず自分の生活習慣から見直す**ことが大切です。

「生活習慣だなんて、一体、何の話だろう」と思われるかもしれませんが、実は、日常生活の決まりごとも、文法上のルールも、野球やサッカーなどスポーツのルールも、記憶系脳番地を使って覚え、運用していくものです。

よりわかりやすく言えば、**文法とは「法則」ですから、だらしない人やルールを守れない人には、その法則を身につけることはできない**、ということです。

生活上のルールに対する意識が低く、いい加減な人は、英文法のルールに対して高い意識を持つこともできません。一方、ルールを決めて習慣化できる能力が高い人は、文法をスムーズに身につけられるでしょう。

「文法を身につけられる脳」にするには、まずは毎日の生活の中で、ルールを守る習慣をつけることが大切です。

「生活上のルール」は、たとえば身の回りの整理整頓や、「朝6時に起きる」と決めてそれを守る、待ち合わせの時間を厳守するといったことが挙げられます。

みなさんは、身の回りのものの整理ができていますか？

生活を律するルールを持ち、それを守るよう心がけているでしょうか？

英語のテストなどでいつも文法問題で点数を落とす人や、英語を使っていると、いつも間違いを指摘されるという人は、文法の勉強を始める前に、一度ぜひ、自分の生活習慣を振り返ってみましょう。

■文法は、几帳面な人ほど正しく使う？

例）「昨日、渋谷にショッピングに行ったよ」の場合

●いい加減な性格のAさんの場合

I yesterday go shop on Shibuya.

●几帳面な性格のBさんの場合

Yesterday, I went shopping in Shibuya.

Aさんの英語は、「yesterday」の位置や、goの時制、「ショッピング」の単語、Shibuyaに使うべき前置詞などが間違っていますが、基本的に、ネイティブにも意味は通じます。

「通じるならいいのでは？」という大らかさは大切です。しかし、その大らかさが原因で、文法を見直すチャンスを逃しているとも考えられます。

文法は、「理解系」を使って 「シチュエーション中心」で学ぶ

🧠 理解系と記憶系を脳番地連携させよう

　日本では、学校で英文法を教える時間がかなり多く取られていると思います。英文法のテストがどのようなものになっているかを考えると、**ルールを暗記させ、穴埋めでルールに沿った正しい答えを書かせる**というやり方が多いのではないでしょうか。

　私は、このような文法の勉強に多くの時間を割くのは、非常にもったいないことだと思っています。

　そもそも、**文法とは理解系脳番地を使いながら体得すべきもの**です。ところが、日本の英語教育では英文法が「**ルールを暗記するもの**」と位置付けられていて、**記憶系脳番地**に頼った学習になっているからです。

　たとえば、みなさんは法律家を目指す人がどのように法律を学ぶかをご存じでしょうか。

　司法試験の勉強と聞くと、「六法などの法律の条文を丸暗記しなくてならないのでは」と考える方もいるかもしれませんが、実際には、「条文をどのように使うべきか」が重要なポイントです。

　ですから、法律を学ぶ人は、実際の裁判で法律がどのように適用されたのかを知るために「**判例**」を**たくさん読む**のです。もちろん、法律の条文は大事です。しかし、いくら法律を丸暗記しても、それをどのように使うかを知らなくては、法律家にはなれないのです。

文法は「シチュエーション重視」で覚えよう

　私は、英文法の学習も、法律の学習と同じだと思います。
　英語の書き方や話し方には、一定のルールがあり、それを守ることは、スムーズな意思疎通のためには重要です。
　しかし、単に丸暗記するだけでは、実際に英語を使う場面で正しくルールを運用することはできないでしょう。
　重要なのは、「どんな場面で、どのような文法が使われるのか」ということ。言い換えれば、「シチュエーション」が先にあり、それに従って使うべき文法が決まるのです。
　日本人は、まるで法律の条文を完璧に覚えているかのように、文法の知識を持っている人も少なくありません。

　しかし、そういった人が海外ですぐ英語を使いこなせるかというと、残念ながらそれは難しいものです。
　これは、シチュエーションに応じて文法を使う経験がないためでしょう。条文を暗記しても、穴埋め問題しか解いたことがなく、実際に訴訟を経験したことがなければ、法律家としてやっていけないのと同じなのです。

⌘ 英文法は、実践の中で頭に流し込む

　もちろん、英文法を学ぶのが重要であることも間違いありません。では、どのように英文法を学んでいくべきなのでしょうか？

　文法で重要なのは「シチュエーション」でしたね。つまり、**どんな場面で、どの文法を使うべきかを理解すること**が必要です。ですから、文法学習は、「文章の中でどのように文法が使われているのか」を考えることが最も理に適っていると言えます。

　もちろん、中学生程度の文法もよくわからないという方は、最初にざっと文法書に目を通したほうがいいと思います。しかし、複雑な決まりや細かいルールを覚える必要はありません。大事なのは、実際に出てきた英文の「型」を知り、それを使えるようになることです。

⌘ ライティングとリーディングで文法学習を

　もう少し具体的に、日々の英語学習でどのように文法に取り組むべきかを考えてみましょう。

　ライティングをやっているときは、まず自分が何を言いたいかを決め、それに適した文法を調べて使うというステップを踏むことが大切です。

　もし適切な文法が思いつかなければ、インターネットを使って調べてみましょう。「（言いたい内容）　英語」で検

文法書は「言いたいこと」があったときに開こう!

索すれば、英文がヒットするはずです。そこで使われている文法を、文法書を見て調べるのです。文法書は、頭から全部覚えようとするのではなく、「手元に置いておき、必要なときに参照する」という使い方がお勧めです。

リーディングをするときも、格好の文法学習のチャンスです。文法が身につくとリーディングがスムーズになりますから、「同時に学べば一石二鳥」と考えましょう。

私自身が実践していた方法でお勧めなのは、英文を読みながら、「なぜこの助動詞が使われているのか」「なぜここはhave＋〜edの形なのか」「なぜここにカンマがあるのか」といったことを考えることです。

「なるほど、こういう意図／意味を表したいからこの表現なのか」と理由を見つけることができれば、自分で頭を使ったことで、その文法が身につきやすくなります。もちろん、わからないときは辞書や文法書に立ち返って調べることも大切です。

文法学習のためのリーディングの素材としては、前述した、論文の要旨やプレスリリースがいいでしょう。こうした文章には、汎用性の高い文法がよく使われています。

つまるところ、文法学習はリーディングやライティングの中に組み込むのが最も効率的であり、これこそ「使える文法」を身につける方法だということです。脳にとっても、使い方もわからないルールを丸暗記するより、ずっと自然なやり方だと思います。

脳科学的に正しい

【英語脳をつくる習慣】

日本語の学習で
英語脳の下地ができる

英語だけでなく、日本語力も鍛えよう

　ここまでで、英単語の覚え方、リスニング、スピーキング、リーディング、ライティングのトレーニング法、英文法の学習法について、脳の仕組みに基づいた効果的な英語学習の方法を一通り説明してきました。

　これらの項目のうち、どれを先にやるべきかという点については、みなさんがやりたいと思う順番で進めていってかまいません。

「私はリスニングが苦手」「単語を覚えるのは得意」など、誰しも得手不得手があると思いますが、まずは**自分が好きだと思えること、やりたいと思うものから手をつける**ことで英語学習のスタートダッシュを切りましょう。

　英語学習全般について知っておきたいのは、あらゆる語学の学習において重要なのは理解系脳番地の働きだということです。「**語学力で目指せるレベルは、物事に対する理解の幅や深さに依存する**」と言ってもいいでしょう。

　本書でも繰り返しご説明してきましたが、英語を身につけたいからと言って、英語ばかり勉強するのが効率的かと

言うと、決してそうではありません。

　日本人であるみなさんは、母国語である日本語への深い理解があり、日本語を通して物事への理解を深めてこそ、語学学習の礎を築くことができるのです。

🧠 大人の英語は、理解系脳番地が武器になる

　英語の習得について、一般には「幼いうちに身につけるに越したことはない」と考えている方が多いのではないかと思います。子育て中の人なら、「子どもには英語の早期教育を受けさせて、英語で苦労しないようにしてあげたい」と思うこともあるのではないでしょうか。

　しかし、母国語の基礎教育ができていない子どもが英語を学ぶことには、デメリットもあります。

　子どもの言語能力は4歳頃から急速に発達するのですが、これくらいの頃に海外で育った日本人の子どもの場合、日常生活で触れられる日本語の語彙がどうしても少なくなります。一方で、両親が日本語を中心に話している環境では、子どもは英語を「自分の言語だ」と感じにくくなります。

　このような状態に置かれると、いずれの言語についても習得が遅れる可能性があります。

　前述したように、語学力で目指せるレベルは、物事に対する理解の幅や深さに依存します。この点、言語能力を大きく伸ばすべきタイミングで中途半端な状態に置かれると、

179

英語でも日本語でも物事を深く理解できなくなり、その後の言語学習能力にも支障が出ることも考えられるわけです。

　一見、バイリンガルになったように見えても、どちらの言語でも物事の深い理解ができない状態になってしまえば、望ましい状態とは言えないでしょう。

　大人が英語を学ぶ際のメリットは、これの裏返しです。

　確かに、大人になってから、帰国子女のバイリンガルのように美しい発音を身につけるのは非常に難しいでしょう。ネイティブでなければわかりにくい、単語の微妙なニュアンスなどを習得するのも、なかなか大変だと思います。

　しかし、日本語で言語学習能力を十分に伸ばしてきた人、**理解系脳番地がよく働く人なら、それをベースに英語の力を伸ばしていく**ことは可能です。

　これは、言い換えれば、「**日本語で物事への深い理解ができることは、英語学習において大きな強みになる**」ということです。

　大人には大人の武器があります。

　「今さら英語をやって、どこまでできるようになるだろう」と不安を抱いている人は、ここでその不安をすっぱりと忘れましょう。日本語の本、たとえば本書を読んでいるこの瞬間も、語学習得の下地をつくっているのだと思うことが大切です。そして本書を読み終わったら、英語学習を存分に楽しんでください。

英語は、日本語学習を経て脳が成長した大人のほうが、
深く理解できる！

腹をくくれば
どんな英語も伝わる

完璧でなくとも、英語は通じる

英語については、よく「中学生レベルでも十分に通じる」と言われます。「日本人は少なくとも中学、高校と6年間も英語を勉強してきた人が多いのだから、もっと英語を使えて当然だ」という意見を耳にすることも少なくありません。

私自身がアメリカに渡った経験から思うのは、**実際に多くの場面は中学生レベルの英語で十分に足りる**ということ。そして、日本で英語を勉強してきた人なら、英語を使うことはそう難しくないはずとも思います。ですから、よく言われていることは、おおむね正しいと言っていいでしょう。

では、本当は英語が話せるはずの日本人は、なぜ英語を話すことができないのでしょうか?

私は、大きな理由の一つは、「英語はできないから」と怖じ気づいてしまうことではないかと思います。

私が初めてアメリカでの上司になる教授に会ったときのことは、今でもよく覚えています。当時、私は英語で論文を書いていましたが、英語を話す自信はありませんでした。

　しかし、私は何とかしてアメリカでMRIの研究をしたいと考えていました。上司となる人にそのことをアピールし、私が来ることを了承してもらわなくてはなりません。

　そこで、私は自分の研究テーマについて資料をまとめて面談の場に持って行き、書いたものを見せながら一生懸命説明しました。英語がうまく話せなくても、何とか相手に私の考えていることを伝えようと必死でした。

🧠 意思を伝えようとすること、そのための準備が大切

　面談の席では、教授が何を言っているのかほとんどわかりませんでした。しかし、私は最低限、自分が伝えるべきことは伝え、「とにかく私はアメリカに来ます。何かあれば手紙をください」と言い、握手をして別れました。

　今振り返って思うのは、相手の言葉の意図が理解できなくても、会話がうまく成立しなくても、それを克服して意思を伝えようとする姿勢が大事なのだということです。

　私自身はこの面談で英語が話せたとは思っていませんが、相手と重要なポイントについて意思疎通することはできました。さらに、話せなくても相手が理解できる文章は書けることを、それまでの業績によってわかってもらえました。ここが「生き残り英語」の最低限のラインだと思います。

　おそらく、これは多くの人について言えることです。怖じ気づくことなく、腹をくくって準備をすれば、英語でコミュニケーションすることはできるはずです。

英語脳をつくる 1週間の過ごし方

3
1/1

🧠 「好きなこと」かどうかが、習慣化の決め手

ここまで、脳番地とそれを応用した英語学習法について具体的な手法を紹介しました。ただ、英語学習で最も必要なのは、**英語習得のための生活習慣を身につける**ことです。

書店に足を運ぶと、数多くの英語学習書があります。これらの多くは、英語が好きで堪能な人が書いた本です。これらの著者である人たちは、**多くの場合、聴覚系、伝達系や理解系など言語系の脳番地を使うことが得意**なはずです。

しかし、私をはじめ、そうでない人たちは、どのように英語を学習したらよいのでしょうか？

私が身につけた英語は、前述の「生き残り英語」です。生き残り英語とは、医師として、科学者として最低限の国際競争力を持つために、四苦八苦して身につけたものです。

私の場合、英語がそれほど好きではありません。つまり、英語が得意な人たちとは脳のつくりが違うのです。

このように、英語学習をそれほど好きではない人は、どのように英語を身につければよいのでしょうか。

ここでは、私が個人的に実践したことで、役に立ったこと、役に立たなかったことを整理してみたいと思います。

A）一番役立ったこと
1．自分で英語の資料を探して集める。

B）かなり役立ったこと
1．海外に友人を2人以上持つ
2．海外旅行
3．洋画鑑賞
4．専門分野を持つ
5．論文など、英語を書き、誰かに読んでもらう

C）それなりに役立ったこと
1．カフェで勉強
2．英字新聞を読む
3．英語圏のサッカー番組を見る
4．ベースボール放送をラジオで聞く
5．英語のマンツーマンレッスン
6．英語文の書き方講座（海外の大学で4回受講）

D）ほとんど役立たなかったこと
1．英会話のグループレッスン（外国人には慣れた）
2．英語の短期集中修得本
3．英語の発音矯正
4．英文法の学習
5．やみくもに英語の文章を読む

︙ 「キライなものは一切やらない」でOK

これらの個人的な体験から考えると、英語を**いかに自然に日常生活に取り入れるか**が、最も大切なポイントでした。

たとえば、一人でいるときに「英語モードに入れる時間」をつくることです。「英語モード」とは、「英語で物事を考える」という状態です。

脳をそのような状態に切り替えるには、英語を使って「知りたい」「伝えたい」と強く欲求することが近道です。

たとえば、
- 英語で書いてあることを理解したい
- 洋画の会話のニュアンスを正確に理解したい
- 英語で海外の友人と通じ合いたい
- 英語でジョークや笑い話を伝えたい

このような欲求が高まることで、脳を「英語優先」の状態に近づけることができるでしょう。

そのためには、「やりたくないジャンル」をできる限り排除することが大切です。

好きなジャンルの話題であれば、英語で読んだり聞いたりすることは、そこまで苦にならないものです。

自分が興味のある英文、自分が好きなジャンルの映画、絶対に聞いておきたい海外のニュース……、これらこそが、

みなさんにとっての、最も有効な英語脳の教科書なのです。

🧠 「英語脳」をつくる　「英語習慣」のつくり方

　最後に、脳科学的に理想的な、英語脳をつくるための習慣スケジュールを紹介します。

　繰り返しになりますが、「**英語はモチベーションがすべて**」です。そのため、1週間分のモチベーションをつくり上げることが特に重要となります。

　アメリカで生まれ、幼少期を過ごした私の長男は、中学1年生で英検2級を取得しました。ところが彼は、高校2年生まで、1級のレベルに到達しませんでした。日本で本気になって英語を話す機会がなかったためでしょう。

　しかし、高校2年の夏、2週間ほど生まれ故郷のミネソタ州ミネアポリスのテニス合宿に参加して以来、英語力がTOEICスコア800点以上にアップしました。しかもこの短期間の米国研修で、長男の伝達系脳番地は、MRIで検出できるほどに成長していたのです。

　身近な例を挙げましたが、英語の上達は日常生活でいかに、「英語とつきあう機会」を増やせるかにかかっています。

　以降で紹介するスケジュール表などを参考に、みなさんもご自身で「英語脳」をつくる習慣スケジュールを立ててみてください。もちろん、それぞれ日常生活のリズムに違いがあるかと思います。本書をヒントに、ご自身で取り入れやすい英語の「学習習慣」を考えてみてください。

🧠 英語脳をつくる習慣【平日は「英語に親しむ」】

平日編		平日は、英語の文章を選ぶ力を鍛える!
時刻	脳番地	学習内容
6:30	聴・伝	起床 ■洋楽をセットした目覚ましで起きる 　　目覚ましで聞いた音楽を口ずさむ
7:00	聴・視	朝食 ■英語のラジオやニュースを聞く支度 支度 ■英文記事や洋書をカバンに入れる
8:00	理	通勤 ■通勤途中に英文を読む
9:00		出社
10:00		仕事
11:00		
12:00	感	昼食 ■選んだ英語の文章を読む
13:00		仕事
14:00		
15:00		
16:00		
17:00		
18:00		
19:00	記・視	退社・帰路 ■昼間に読み残した文章をパラパラと読む
20:00	運・思 伝・理	寄り道して勉強 ■カフェ→日本語を英語に変換する練習。 Ｇｏｏｇｌｅ翻訳などでＯＫ。誤訳を修正して英文作成 ■風呂やサウナ→半身浴をしながらじっくりリーディングを する。鉛筆やペンを持ち、聞きなれない単語に線を引く
21:00		
22:00	感・理・視	帰宅 ■単身者なら植物に英語で話しかけてみる 　　植物のことを考えながらやると、なおよい
23:00		
24:00	聴	就寝 ■英語の音楽を聞きながら寝る。 　　ＡＦＮの英語ラジオを聞きながら寝るのも効果的

平日に働いている場合、英会話の時間をつくるのは難しいもの。「英文を選んで読む」ことを中心に、伝達系、記憶系、理解系脳番地から英語に触れるようにします。

定番の曲リストをつくり、1時間ごとに変える。英語の歌詞で単語の使い方を習得する

朝ご飯をおいしく食べ、脳を活性化させて1日をスタート!

普段から、読みたい本を机に積み、毎朝選ぶ。1日1冊に絞る作業がとても大事。この「選ぶ作業」によって、理解系と思考系が連動してつながり、英語思考が身につく

文章はできるだけ紙ベースで、鉛筆を持って。ペンでもよいが、鉛筆のほうが脳番地を刺激する。文章は目につくところから、読みたい欲求にしたがって読む。飛ばし読みもOK。ときには友人と会話して伝達系を刺激しよう

朝選んだ文章を、再び読むことで記憶力を刺激する

カフェやサウナ、銭湯などに立ち寄ると、運動系脳番地を刺激できる。机上学習よりも、気分転換になり、ワクワクしながら学べる効果も

話す機会を積極的につくることで、感情系&伝達系脳番地が鍛えられる（家族がいる人は、家族に英語で話しかけてみよう）

24:00前には床につきたい。しっかり寝ることで1日の疲れを取ろう

🧠 英語脳をつくる習慣【土曜日は「英語三昧デー」】

土曜編		「英語三昧デー」3人以上の外国人と話す
時刻	脳番地	学習内容
6:30	聴・伝	起床 ■洋楽をセットした目覚ましで起きる 目覚ましで聞いた音楽を口ずさむ
7:00	運・聴	ジョギング、散歩に出かける ■いつも聞いている定番の洋楽を聞きながら走る、歩く
8:00	聴	朝食 ■洋画（英語圏のもの）や海外のニュース番組を 流しっぱなしにする
9:00		休憩 ■この時間は一切、日本語は使わない
10:00	聴・伝	英会話をする ■スカイプ英会話などを利用して英語を話す
11:00	伝・記	英文の音読をする ■覚えたい英語スピーチなどを暗唱してみる
12:00		昼食 ■英語を聞いても、一休みしても OK。 ただし、日本語は避ける
13:00		
14:00	視・理・聴	洋画（英語圏のもの）を字幕なしで見る
15:00		
16:00	記・伝	映画を復習する ■映画のシーンやセリフを自分で再現してみる
17:00	思・伝・理	英語でネット検索 ■映画の登場人物の関連情報を検索して読む
18:00	聴・伝・運	夕食 ■身近にあれば、外国人経営の店に行く
19:00	思・伝・理	■平日5日間で読んだ5つの英文をまとめる
20:00		
21:00	思・理	日曜日に精読する英文を選ぶ
22:00	伝	メール ■英語でメール、SNSの投稿をする
23:00	聴	サッカーや野球の海外番組を見聞きする
24:00	聴	就寝 ■英語の音楽を聞きながら寝る。 ＡＦＮの英語ラジオを聞きながら寝るのも効果的

190

週1回は、ぜひ「英語三昧デー」にチャレンジしてみてください。できるだけ日本語から離れ、「英語で考える」クセをつけるのが英語脳の近道。週1日は、こういう日をつくるとよいでしょう。

定番の曲リストをつくり、1時間ごとに変える。英語の歌詞で単語の使い方を習得する

洋画や海外ニュース、アニメなどを問わず、英語のセリフを聞きながら食べる

自分のスピーチがネイティブに伝わるか、文章や発音を確認してもらう

それぞれの要約を、3つのポイントに絞って日本語で箇条書きで書いてみる。初心者は文中の単語をリストアップするのがお勧め

ニュース記事や本からの抜粋など、各200～500文字くらいでOK

英語三昧デーは、1日3回以上、英語を話すことを目標にしよう。外国人とは直接会わなくても、映画の登場人物やラジオと一緒に話してみてもOK

🧠 英語脳をつくる習慣【日曜日は「休脳日」】

平日編		「休脳日」
時刻	脳番地	学習内容
6:30		
7:00		起床
8:00	聴	朝食 ■洋画（英語圏）や海外のニュース番組を 　　　流しっぱなしにする
9:00	視･伝･理	■好きな外国人俳優やスポーツ選手などのSNSを読む
10:00		
11:00	視･伝･理	■お茶を飲みながら、のんびり洋書を読む
12:00		昼食
13:00		
14:00		
15:00		友人に会うなどして自由に過ごす
16:00		
17:00		
18:00		夕食
19:00		
20:00	視･伝･理	■土曜日に選んだ英文を読む
21:00		
22:00		
23:00		
24:00	聴	就寝 ■英語の音楽を聞きながら寝る。 　　　AFNの英語ラジオを聞きながら寝るのも効果的

土曜日に「英語三昧デー」を実践した次の日は、「休脳日」にします。英語とは付かず離れずくらいの距離感で、脳を休めましょう。ときにはだらだら過ごすことも、脳には必要です。

日曜日は、英語の資料を集めてじっくり文章化する日と決める。また、5〜6ページの論文を精読する時間を取る

カフェ勉をしながら、何店かを転々としてもよい。むしろだらだらと英語に関わり、時間をやり過ごす。英語の紹介文を書いたり、論文をパワーポイントに書くことがコツ

上級者なら、土曜日に5〜7枚のスライドで言いたいことをまとめたプレゼンテーション資料を使って、10分程度で友人に見せたり、聞かせたりする。
作成した文章は、できるだけ人に見せることが大事。（費用はかかっても）ネイティブに見てもらい、日本語と英語の両方を正確に作成することが、さらなる上達のポイント

あ と が き

　本書では、「脳の仕組み」から見た英語学習の方法を、主に社会人の方に向けてまとめました。

　一般的に、語学は早期教育が一番という考え方が多く、リスニングや発音の観点からは、明らかなメリットがあることも事実です。しかし、脳科学の見地にたてば、脳がしっかりと成長した大人のほうが、間違いなく英語に対する理解はより深いものになります。

　本書では長男の英検合格の話を紹介しましたが、その後次男も中1で英検３級に合格しました。２人とも私と違い、ヒアリングの点数はいつもほぼ満点を取っているようです。さらに、日常会話や発音なども、私の能力をはるかに上回っています。幼少期から２人とも自宅、映画館を問わず英語のムービーを見ながら半日以上過ごしても、じっと集中して見ていることができていました。

　一方で、彼らの日本語力はどうでしょうか？

　人の気持ちを察したり、意図を汲んだりと、感情系や理解系を使ったり、多くの情報を集めて判断する観点からは、まだまだ10代だなと思います。これはまさに、経験の違

いだと思います。

　また、彼らはまだ自分の専門分野も確立していません。いくらリスニングやスピーキングができても、アメリカで一人前に仕事をするには、まだまだ勉強が必要です。英語の早期教育では、英語の「中身」は充実しないのです。

　長男がインターナショナルスクールのグレード3のとき、5歳も下の次男と日本語で口論しても言葉が出てこないことがありました。このままでは長男がアメリカ人として育ってしまうと、慌てて彼を日本の小学校に移したのです。その後、日本の中学、高校で学び、ようやく英語並みの日本語力を獲得しました。

　今振り返ると、2人とも生後すぐから英語教育を受けたために、日本人として日本語教育を受けるべき貴重な時間を失ってしまったのでは、とも考えています。このように、アメリカで生まれた2人の息子の成長ぶりからも、日本語と英語の教育時期とバランスはとても難しいと感じます。

　日本語は、漢字、ひらがな、カタカナ、アルファベットを駆使するため、左脳だけでなく右脳にも働きかけやすい「脳的にバランスがいい」言語です。
　子どもは10歳前後になると、先行して成長した右脳に、

言語に関わる左脳の成長が追いつき、左右の脳バランスが一時的に対照的になります。

　この時期に母国語である日本語を中心に学ぶことは、脳の成長にも役立つはずです。

　本書で紹介したように、英語は大人になってからでも、自分の専門領域を中心にじっくり習得することができます。

　日本語のしっかりとした素地の上に、英語を学ぶ。脳の成長の観点から、このような学び方も、国際的に活動する日本人の一つのモデルではないかと考えています。

　本書が、みなさんの英語学習の一助となれれば幸いです。

脳科学者　加藤俊徳

脳の仕組みをうまく使えば、何歳からでも英語脳になれる！

本書は、KADOKAWAより刊行された単行本を、
文庫収録にあたり、加筆・修正したものです。

加藤俊徳（かとう・としのり）

新潟県生まれ。脳内科医、医学博士。加藤プラチナクリニック院長。株式会社「脳の学校」代表。昭和大学客員教授。脳番地トレーニング、脳活性音読法の提唱者。1991年近赤外光を用いて脳機能を計測する「fNIRS（エフニルス）」法を発見。95年から米ミネソタ大学放射線科MR研究センターに研究員として従事。独自開発した加藤式MRI脳画像診断法を用いて、小児から高齢者まで1万人以上を診断・治療。脳の成長段階、強み弱みの脳番地を診断し、薬だけに頼らない脳番地トレーニング処方を考案。

著書に『仕事も人間関係もうまくいく！「脳」の地図帳』（三笠書房）『1万人の脳を見てわかった！「成功脳」と「ざんねん脳」』（三笠書房《知的生きかた文庫》）『1万人の脳を見た名医が教えるすごい左利き（ダイヤモンド社）『脳の強化書』（あさ出版）など多数。

◎加藤プラチナクリニック公式HP
https://www.nobanchi.com
◎「脳の学校」公式HP
https://www.nonogakko.com

知的生きかた文庫

脳科学的に正しい英語学習法

著　者　加藤俊徳（かとう・としのり）

発行者　押鐘太陽

発行所　株式会社三笠書房
〒一〇二-〇〇七二　東京都千代田区飯田橋三-三-一
電話〇三-五二二六-五七三四（営業部）
　　　〇三-五二二六-五七三一（編集部）
https://www.mikasashobo.co.jp

印刷　誠宏印刷
製本　若林製本工場

© Toshinori Kato, Printed in Japan
ISBN978-4-8379-8801-4 C0130

加藤俊徳の本

1万人の脳を見てわかった！
「成功脳」と「ざんねん脳」

脳の名医が20歳のときに知っておきたかった
人生を成功に導く、正しい脳の使いかた！

○成功脳の人は → 「だれからでも」学ぼうとする
×ざんねん脳の人は → 「デキる人」からだけ学ぶ
○成功脳の人は → 小さなことから行動に移す
×ざんねん脳の人は → 行動できない理由を探す
○成功脳の人は → 相手とは違う土俵で努力する
×ざんねん脳の人は → 相手の土俵でがんばる …etc.

日常の小さな刺激で、誰でも「成功脳」に変えられる！

〈単行本〉

仕事も人間関係もうまくいく！
「脳」の地図帳

「伝わる人」は脳で会話する！
コミュ力がUPする脳番地トレーニング

○怒りにかられたときは「体」を動かす
○日によって「食べる順番」を変えてみる
○植物やペットの気持ちを「察する」
○相手と自分の「共通の記憶」に訴えかける
○大事な話は「いつもと違う場所」でする
○美容師の会話を「盗み聞き」する …etc.

「脳番地先生」がレクチャーするマンガ付き！

C20043